近代日本と
西洋音楽理論

グローバルな理論史に向けて

西田紘子
仲辻真帆
［編著］

塚原康子
新居洋子
柿沼敏江

菅原光
篠原盛慶
三島わかな
松岡あさひ
劉麟玉
西原稔
［著］

音楽之友社

はじめに

　現在、私たちは、当たり前のように西洋の音楽を聴いたり音楽理論を学んだりしています。しかし、西洋音楽が日本に導入されてまだ150年ほどしかたっていません。西洋音楽が導入された当時の人々は、どのようにその実践や理論に向きあったのでしょうか。

　近代日本では、人々が西洋の文化と出会い、自文化へのまなざしにも変化が生じました。これまで、近代日本において西洋音楽がどのように聴取され、演奏されてきたかについては、多様な研究が蓄積されてきました。しかし、音楽は、聴取・演奏するだけでなく、その法則や特徴について考えたり教育したりする際には、理論的な思考の対象ともなりえます。今日では、音楽とは実技であり、音楽理論は実技を支えるあくまで補助的なもの、と思っている人が多いかもしれませんが、近代の日本には、新しく入ってきた西洋の音楽理論に真摯に向きあい、自国の音楽の理論を探究しようとした音楽家や学者がたくさんいました。そこで本書では、西洋の音楽理論が日本でどのように導入され、展開、変化してきたのかについて考察を深めていきます。

　この問いを検討するため、本書は、近代日本音楽史と西洋音楽理論の双方の領域から、領域横断的にこのテーマにアプローチします。この2つの研究領域だけでなく、アジアやヨーロッパ、アメリカといった地理的領域、あるいは理論と実践、作曲と演奏といった音楽の領域を横断するという意味でも、領域を超えることを目指しています。

　世界の音楽理論研究に目を向けると、近年は「グローバルな音楽理論史」をまなざす研究が活発化しています。西洋の音楽理論を非西洋圏の人々がどのように受容したのか──グローバルな音楽理論史は、こうした西洋から非西洋の一方向の受容だけでなく、非西洋圏の音楽理論が西洋の人々にどのように受け取られてきたのか、また、それらの受容や交流の過程にどのような理論・実践上の調整や文化的な摩擦がみられるのかをも射程に含みます。さらには、西洋と非西洋といった大まかな枠組みを超えることも、いま求められています。本書も、そうした潮流のうちに位置づけられるでしょう。

本書は、5つの章と6つのコラムからなります。各章・コラムはゆるやかに関連していますが、それぞれ独立していますので、どこから読み始めていただいてもかまいません。

　第1章では、本書の前提かつ出発点として、江戸後期からおよそ100年にわたり日本における音楽理論研究を概観し、音楽理論と実践の関係を問います。第2章では、近代日本において音楽理論の教育・研究拠点となってきた音楽取調掛・東京音楽学校に注目し、とりわけ和声教育の実態について、残された資料を手がかりとして具体的に迫っていきます。続く第3章では、機能和声を体系化した理論家として知られるフーゴー・リーマンを軸に、ドイツでは日本の音楽がどのように受容され、理論化されてきたのか、そして逆に日本ではリーマンの和声理論がどのように受け止められてきたのかという相互的な視点を提供します。ここまでが日本と西洋の関係を中心にした章です。第4章では中国の事例に目を移し、中国では西洋の音楽理論がどのようにとり入れられ、自国の音楽史記述にどう反映されてきたのかを知ることで、日本との比較や対照の契機としたいと思います。最終章の第5章ではさらに視野を広げ、5度という概念を軸に日本やアメリカの音楽理論家たちが音楽ジャンルや時代を超えてどのように新しい調性理論を構築しようとしたのかをみていきます。このようにして「近代日本と西洋音楽理論」を多角的にとらえていくこと——これが本書の狙いのひとつです。

　コラムでは、章で扱うことのできなかった論点を補完していきます。翻訳語の問題を vol. 1 で、物理学者・田中正平が開発したエンハルモニウムの背景にある音律理論を vol. 2 で、沖縄の伝統音楽を題材にした園山民平の創作を vol. 3 で、そして当時の作品を現代に演奏することの意義を vol. 4 で、讃美歌というキリスト教の音楽が台湾の地で歌われてきた事例を vol. 5 でそれぞれ話題提供し、最後の vol. 6 では近代日本の西洋音楽受容に貢献したクラウス・プリングスハイムの音楽理論面にフォーカスします。

　巻末には基本用語の簡単な説明文を掲載していますので、そちらも活用してください。項目によっては、いくつか文献も紹介しています。

　今回扱うことのできなかった事象もたくさんありますが、なぜ人々は音楽についてこれほど真剣に思考をめぐらせてきたのか——その思考の跡がみえ

る音楽理論は、じつに奥深く面白いです。本書が一人でも多くの方にとって、音楽理論への関心の扉を開き、ひいては音楽の地平を拓くきっかけになれば幸いです。

● おもな登場人物

各章・コラムのおもな登場人物を紹介しておきましょう。ここに挙げた人々はごく一部ですが、まずは関心をひかれた章・コラムのページを開いてみてもよいかもしれません。

宇田川榕庵（第1章）
武田科学振興財団杏雨書屋所蔵「宇田川榕庵先生肖像画」

瀧村小太郎（鶴雄）（第1章）
大阪公立大学中百舌鳥図書館所蔵『鳴鶴遺稿』より

西周（コラム vol. 1）
国立国会図書館 近代日本人の肖像
(https://www.ndl.go.jp/portrait/datas/309/；2025年1月17日閲覧)

信時潔
（第2章、コラム vol. 4）
東京藝術大学未来創造継承センター大学史資料室所蔵

幸田延（左）・幸田幸（右）（第2章、第3章）
東京芸術大学百年史編集委員会（編）1990『東京芸術大学百年史──演奏会篇』第1巻、東京：音楽之友社、口絵1頁。

はじめに

田中正平（コラム vol. 2）
田村昭治 2012『生誕 150 周年記念　田中正平の足跡をたずねて——純正調と日本音楽にかけた明治の青春』田中正平博士生誕 150 年記念事業実行委員会・南あわじ市教育委員会、8 頁。

園山民平（コラム vol. 3）
園山民平 1957『日向民謡——〈101 曲集〉』東京：音楽之友社。

フーゴー・リーマン（第 3 章）
Universitätsbibliothek J. C. Senckenberg, Goethe-Universität Frankfurt, Signatur: S 36/F09674（2025 年 1 月 17 日閲覧）

山本直忠（第 3 章）
富樫康 1956『日本の作曲家』東京：音楽之友社、343 頁。

王光祈（第 4 章）
左舜生等 1968『王光祈先生紀念冊』台北：文海出版社。

モーリス・クーラン（第 4 章）
"Maurice Courant", Wikipédia（https://fr.wikipedia.org/wiki/Maurice_Courant；2025 年 1 月 17 日閲覧）

駱先春（コラム vol. 5）

クラウス・プリングスハイム
（第 2 章、コラム vol. 6）
ETH-Bibliothek Zürich, Thomas-Mann-Archiv/Fotograf: Unbekannt/TMA_1435（2025 年 1 月 17 日閲覧）

箕作秋吉（第 5 章）

目　次

はじめに　2

凡例　8

第1章　西洋の音楽理論に向きあう
──江戸後期からの 100 年 ……………………塚原康子　9

- 1　開国以前に行われた蘭学者・宇田川榕庵の西洋音楽研究
- 2　幕末以降に始まった西洋音楽の実践と音楽理論
- 3　瀧村小太郎と音楽取調掛による明治期の音楽用語創成
- 4　明治期から戦後まで日本の音階はどう論議されたのか

コラム vol. 1　翻訳語としての「音楽」……………………菅原光　30

第2章　学校で和声学を教える
──音楽取調掛・東京音楽学校を例に …………仲辻真帆　35

- 1　明治前期から中期に音楽理論教育はどのように
　　展開したのか
- 2　明治後期から昭和初期における教育状況
- 3　機能和声の指導が本格的に開始された昭和初期
- 4　信時潔の自筆資料にみる指導者・作曲家の問題意識

コラム vol. 2　田中正平の音律理論 ……………………篠原盛慶　59

コラム vol. 3　園山民平の調和楽 ……………………三島わかな　65

第3章　日独で相互に受容する

——フーゴー・リーマン周辺を例に ……………西田紘子　72

- 🕭1　リーマンは日本の音楽にどのような和声をつけたのか
- 🕭2　リーマンの和声理論は日本でどのように受容されたのか

コラム vol. 4　100 年前の歌曲を演奏する ………………松岡あさひ　94

第4章　自国の音楽史を談じる

——中国知識人の「中国音楽」観の変化………新居洋子　98

- 🕭1　音楽の「進化」を叙述する王光祈『西洋音楽史綱要』
- 🕭2　中国音楽をめぐる国内外の評価
- 🕭3　クーランがもたらした変化
- 🕭4　王光祈における変化

コラム vol. 5　台湾の讃美歌にみる文脈化 ………………劉麟玉　129

コラム vol. 6　プリングスハイムの調性観 ………………西原稔　137

第5章　新しい調性理論を構築する

——5 度をめぐる思考 …………………………柿沼敏江　142

- 🕭1　音律と音楽の基礎としての 5 度
- 🕭2　箕作秋吉の五度和声理論
- 🕭3　ジョージ・ラッセルの
　　　リディアン・クロマティック・コンセプト

本書に登場する基本用語　172

おわりに　180

人名索引　183　　　　事項索引　186

凡例

・人名を除いて、旧漢字は現代表記に改めた。ただし、以下の例外を含む。

　※東京藝（芸）術大学の表記について

　国立大学法人法の制定および国立学校設置法の廃止に伴い、平成16（2004）年4月より「国立大学法人東京藝術大学」となった。同月に制定された公印規則においても、「東京藝術大学」を公印とすることが定められた。そのため、本書でも「藝」の旧字を用いる。ただし、『東京芸術大学百年史』のように、2004年までに出版された書籍などに関しては、本書においても、書名通り「芸」の表記を用いることとする。

　※田辺尚雄の表記について

　姓の表記には「田邊」「田邉」「田辺」がみられるが、本書では「田辺」とした。

・音名の表記については、原則として日本語と、文脈に応じて各国語をあわせて用いた。

・年については、日本国内の事象等については「和暦（西暦）」、国外については「西暦」もしくは「西暦（和暦）」で表記した。

・章やコラム執筆者による強調は傍点で示した。

・引用文中の訳注は〔　〕で示した。

―――――― 第 1 章 ――――――

西洋の音楽理論に向きあう
―――江戸後期からの 100 年―――

塚原康子

❧ はじめに

　現在の私たちは、古今東西のさまざまな音楽の理論的側面を語る際、多くの場合に五線譜で例示したり、音高・音程・音階などの西洋音楽に由来する音楽用語を用いたりします。とはいえ、こうした慣行は日本に西洋音楽が導入された明治期以降に始まったもので、たかだか150年ほどの歴史しかありません。それ以前の日本では、1オクターヴ内の音の高さを示す十二律名（中国式、日本式）や相対音高（階名）を示す五声・七声など、古代に中国から伝来（もしくはそれを日本国内で改変）した音楽理論用語が用いられていました。日本式の十二律名（二音＝壱越から半音刻みに断金・平調・勝絶・下無・双調・鳧鐘・黄鐘・鸞鏡・盤渉・神仙・上無）や五声（宮・商・角・徴・羽）などの語は、現在でも日本の雅楽の世界を中心に用いられています。また、中国式の十二律名（二音＝黄鐘から半音刻みに大呂・太簇・夾鐘・姑洗・仲呂・蕤賓・林鐘・夷則・南呂・無射・応鐘）も、江戸時代までは必要に応じて使われました。中世・近世と時代が下るにしたがって、独自の音楽様式や嗜好を生み出していった日本ですが、こと音楽の理論用語に関しては、千年以上のきわめて長きにわたって中国の影響下にあったのです。しかし、いずれも今日では専門家を除くとこれらの理論用語が日常的に使用されることはほとんどありません。

　こうした中国由来の音楽理論用語から、西洋由来の音楽理論用語への転換は、いつごろ、どのように起こったのでしょうか。また、音楽理論とそれを取り巻く音楽実践とはいかなる関係を有していたのでしょうか。本章では、20世紀の日本における音楽理論の展開を考えるために、それに先立つ19世紀に日本で起こった動きを、江戸後期の蘭学者・宇田川榕庵、明治前期の

9

瀧村小太郎と音楽取調掛—東京音楽学校（現在の東京藝術大学音楽学部）の事例などから観察し、そこから当時の人々が直面した音楽の理論的枠組みの変化と、近代日本における音楽理論と音楽実践との関係について考えてみたいと思います。

❧1　開国以前に行われた蘭学者・宇田川榕庵の西洋音楽研究

　江戸後期に活躍した蘭学者の宇田川榕庵（1798-1846）は、『植学啓原』（1834年）や『舎密開宗』（1837-1847年）等の刊行による西洋の植物学や化学の導入者として知られています。榕庵の名を初めて耳にする方も、現在も通用している酸素・水素・窒素などの元素名や物質・成分・酸化・還元などの語を榕庵が訳出したことを知れば、その歴史的重要性が感得されるのではないでしょうか。榕庵は、津山藩の蘭方医・宇田川家の養子となって江戸で生涯を送り、養父の宇田川玄真とともに幕府天文方の蛮書和解御用にも出仕して増訂再刊7冊本の『ショメール百科辞典』（1778年）の訳出事業などに携わり、オランダ語を通して西洋の科学的知識を吸収しました。晩年の1840年代には、アヘン戦争の影響を受けて、西欧列強の外圧に対抗するため『海上砲術全書』などの軍事書の翻訳にも従事しました。

　その榕庵が、『大西楽律考』[1]、『〈和蘭邦訳〉洋楽入門』[2]（以下『洋楽入門』）、オランダに関する百科全書的知識を集成した『和蘭志略』[3]巻5・巻13などに、音楽関係の訳稿を残しています。1980年代の調査によって、これらは榕庵の年譜記事や訳稿の引用文献などからおそらく1830-1840年代に

1　『大西楽律考』は早稲田大学図書館洋学文庫所蔵（https://archive.wul.waseda.ac.jp/kosho/bunko08/bunko08_b0041/）。このほか、洋学文庫には『西洋楽律考』1枚、楽器図・譜字対照表などを含む『宇田川榕庵楽律研究資料』12枚、『玎璏秘稿東西楽律』5枚などの稿や図も所蔵されている。

2　『洋楽入門』はもとは無題で、『清楽考』と合冊され津山洋学資料館所蔵。『宇田川榕菴楽律研究資料—資料編』（津山洋学資料第10集付録、津山洋学資料館、1988年）に写真を収録。訳稿名は、昭和25（1950）年に国立国会図書館で開催された音楽文化資料展覧会に「宇田川榕菴訳・東洋音楽学会蔵『〈和蘭邦訳〉洋楽入門』」と題して出陳されたのが初出らしく、訳稿を筆写した音楽学者の田辺尚雄が命名した可能性が高い。

3　『和蘭志略』全16巻は武田科学振興財団杏雨書屋所蔵。音楽関係稿はこのうち巻5の「和蘭器用志略」中に「楽器 附音律」、巻13に音律に関する部分（項目名なし）がある。

作成されたと推定され、出版された『植学啓原』『舎密開宗』のように広く世に知られることはありませんでしたが、開国以前の日本で当時の知識人が西洋音楽の知識をどのように受け止めたのかを具体的に示す貴重な資料とみなされています[4]。

　このうち、『大西楽律考』は『ボイス学芸辞典』（10冊本、1769-1778年）から音楽関係のオランダ語50項目を抜き書きして一部に訳文を付したものであり、浄書され完成稿に近い『和蘭志略』の音楽関係稿は、『ボイス学芸辞典』の楽器名（harp、flageolet、quinterna、citer、basson、orgel、clavi-cymbaal、luit、viool）のほか、『ショメール百科辞典続編』（9冊本、1786-1793年）の「interval」や『ニュウェンホイス技術学芸一般事典』（7冊本、1822-1829年）の「A〔Aという文字〕」「sleutel」を抽出して翻訳したものでした[5]。37章（第14章は欠）からなる音に関する訳稿『洋楽入門』の原本は不明でしたが、2020年に野村正雄が、英国のベンジャミン・マーティンが書いた啓蒙的科学書（1735年）のピーター・マイヤーによる蘭訳本（1744年、1765年）のうち「geluid〔sound、音〕」の章から訳出したものであることを特定しました[6]。

　このように、宇田川榕庵はオランダ語文献から音楽に関わる部分を抽出し、西洋の楽器や音楽に関する理論的知識を読み解こうとしました。中でも注力したのは、harmonie（和声）を発達させてきた西洋音楽にとって鍵となるinterval（音程）と、その隔たりの度合いを表す3度・4度・5度・オクターヴ等の音程名称、そしてそこから生まれる協和・不協和の理解です。『和蘭志略』巻13の音楽関係稿は、「二音以上三四の音其々の拍子にて協和<ruby>法尓模尼<rt>ハルモニイ</rt></ruby><ruby>ステムミング<rt>サーメン</rt></ruby>して耳に入るを法尓模尼ステムミングと称すれば其拍子あしく和せず聞ゆるを<ruby>実<rt>ヂ</rt></ruby>

4　榕庵の音楽関係稿については、塚原（1987、1988）や草下（1988）がある。塚原の2論文は後に改訂（塚原1993）。

5　塚原1993。

6　野村2020。ただし、Aから始まる乙調（短調に相当）をニ短調としている点、榕庵が「壱」と略記した壱越を「弐」と訂正すべきだとしている点は首肯しかねる。原著（Martin, Benjamin. *Philosophical Grammar*. London: John Noon, 1735.）は、第1部「物質論」、第2部「宇宙論」、第3部「空気論」、第4部「地球論」からなり、音（sound）は第1部の第8章で扱われている。本書は8版まで版を重ねるとともに、蘭仏伊語に翻訳されて広く読まれた。榕庵が訳稿に用いた蘭訳本は以下。Meijer, Pieter. *Filozoofische onderwyzer, of algemeene schets der hedendaggsche ondervindelyke natuurkunde*, Amsterdam: Isaak Tirion, 1744, 1765.

斯法尔模尼〔ハ︲ル︲モ︲ニ︲ィ〕と称す耳は造化微妙の徳を賦して拍子よく調子よく声音の連続し聞ふるを聴くに聡し　音に律あり律を印的尔花尔〔インテルファル〕〔ミュシカーレ　テイデンとも名く〕〔テュッセン〕と称す然るに音〔ミュシーキ　ノ︲ニ︲デン〕法則に協はず左もあらぬ律〈以下印的尔花尔を律と訳せり〉にて連続すれば其音耳に美ならず」という文で始まります（ふりがな、割注は原文ママ）。これを見る限り、榕庵は、複数音が協和して耳に響く「ハルモニイ」と不協和に聞こえる「ヂスハルモニイ」とともに、律と訳した「インテルファル」、すなわち「音の隔たり」（ミュシカーレ　テュッセンテイデン）についても理解していたと思われます。そして、これに続いて「オクターフ」「究印多〔キュイント〕〔5度〕」「寡尔多〔クワルト〕〔4度〕」「的尔斯〔テルス〕〔3度〕」などの音程名称が説明されます。

　その中で、榕庵は「按ずるに」と注記して、究印多には律名の双調（ト音）、寡尔多には勝絶（ヘ音）、大的尔斯（長3度）には平調（ホ音）、小的尔斯（短3度）には断金（変ホ音）を比定しました。これは、日本で用いられていた中国系の音楽用語には音の高さを示す律名はあっても、2音間の隔たりである「音程」を直接言い表す語はなく、たとえば「完全5度」高い音は、神仙（ハ音）から見て双調（ト音）、ないし宮（ド）から見て徴（ソ）、などと表現するほかなかったためです。江戸時代の知識人であれば、音律に関わる議論をする際に既知の律名や五声・七声をもって考えるのは至極当然であって、それは冒頭で述べたように現在の私たちが何かというと五線譜や西洋の音楽用語を持ち出すことと変わりがありません。榕庵がとくに着目した interval や harmonie は、江戸時代の蘭学知識を集大成した蘭日辞書『和蘭字彙』（1855年）にも収録されていないので、訳稿での榕庵の説明は当時として突出した先駆的なものだったといえます。

　なぜ榕庵はこのような音に関する探究を始めたのでしょうか。理由は定かではありませんが、榕庵は文政9（1826）年にシーボルトが江戸参府に持参したピアノの音を聴いた可能性が高く、彼を年譜で「博覧多通、解音律」と評したほか、榕庵自身も文化文政期（1820-1830年代）に中国から長崎に伝わり江戸でも密かに楽しまれた清楽[7]に接し、清楽に用いる月琴を実際に弾くなど、音楽との接点があったことは確かです。一方で、振動から生じる音の物理的性質や音程が振動数比で示されることなどは、榕庵の科学的関心に

も合致したでしょう。

　もう一つ、宇田川榕庵の事例で興味深い点は、訳稿の作成にあたって、榕庵が『体源抄』（1512 年成稿）などの国内の楽書や、先行する中国経由の西洋音楽知識を参照していたことです。たとえば、モリソンの『華英字典』（3 巻本、1815-1823 年）の第 3 部 music の項にある五線譜と音名・工尺譜[8]を対照した Chinese Gamut の表には、18 世紀初頭に北京で宣教師トメ・ペレイラとテオドリコ・ペドリニが編纂した『御製律呂正義』続編（第 5 巻、1713 年）[9] から「烏 ut・勒 re・鳴 mi・乏 fa・朔 sol・拉 la」が、同じく notes の項には「倍長・長・緩・中・半・小・速・最速」が引用されていて、榕庵はこれらを『和蘭志略』巻 5 に盛り込みました。こうした榕庵の行為の背景に、直接の影響関係にはないとしても、江戸時代の儒学者による楽律研究[10] の存在を想起してもよいのではないでしょうか。

　このように、宇田川榕庵は日本にまだ西洋音楽の音響がほとんど存在しない環境下で、18 世紀半ばから 19 世紀初頭に出版されたオランダ語文献にもとづき、中国経由の西洋音楽知識も参照しながら、「法尓模尼〔harmonie〕」「印的尓花尓〔interval〕」などの重要な西洋音楽用語の解明に取り組みました。こうした制約ゆえでしょうか、音楽用語に関して榕庵が訳語を与えたものはごく少なく、基本的には音訳して、客観的に内容理解に努めることを重

7　1830 年代以降に長崎に伝来した清代中国の音楽。月琴・胡琴・携琴・琵琶・楊琴・清笛・木琴・片鼓などによる合奏音楽。歌詞のある曲は唐音（当時の中国語の音韻）で歌われた。清楽は明治期になると東京・大阪・京都ほか全国で流行するが、日清戦争を境に衰退した。

8　中国で考案された相対音高を示す文字譜。工尺譜は「こうしゃくふ」または「こうせきふ」といい、日本の明楽・清楽でも使われた。合四一上尺工凡はそれぞれドレミファソラシに相当し、合四一のオクターヴ上は六五乙で示す。

9　『御製律呂正義』続編については、川原（1990）、新居（2016）を参照。

10　蔡元定『律呂新書』、朱載堉『律呂精義』など日本に舶載された中国の音楽理論書に関する研究や、唐代宮廷音楽を受容した日本雅楽（唐楽）の楽律（音の高さやその関係）をめぐる研究、音楽思想に関する考究が、中村惕斎・熊沢蕃山・貝原益軒・荻生徂徠をはじめ多くの儒学者によって行われた。これらの江戸時代の楽律研究や音楽研究は、かつては同時代の音楽とは無縁の机上の空論とする見方も存在するが、近年は近世日本の音楽文化の重要な側面である雅楽の復興や研究・実践に対する関心の高まりとともにその意義が見直され、研究が一気に活性化して多くの優れた成果が出ている。椛木（2017）や田中（2018）、多数の関連する論文を収載する武内（2021）等を参照のこと。近世日本における音楽実践と理論研究との関係は、近代以降の音楽の実践と理論をめぐる日本の状況を考える上でも大きな示唆をもつ。

視したと考えられます。

●2　幕末以降に始まった西洋音楽の実践と音楽理論

　宇田川榕庵の晩年、アヘン戦争後の弘化元（1844）年には、国王からの開国勧告の書翰を携えたオランダ使節コープスが軍艦パレンバン号で長崎に来航しました。その9年後の嘉永6（1853）年には開国を求めて米国ペリー艦隊が浦賀に、ロシアのプチャーチン艦隊が長崎に来航しますが、これらの軍艦や艦隊にはいずれも軍楽隊が随行していました。やがて、安政5（1858）年に米欧5か国と修好通商条約が締結され、翌安政6（1859）年には箱館・横浜・長崎が開港されると、各開港地に設けられた外国人居留地に西洋音楽が持ち込まれるようになります。このほか、安政2（1855）年に始まった長崎海軍伝習ではオランダ式の太鼓が教授されて幕府や諸藩に広まります。慶応元（1865）年にはイギリスの1862年式歩兵操典を翻訳した『英国歩兵練法』が出版され、その第5編（赤松小三郎訳）にイギリス式のラッパ譜15種が掲載されました。慶応3（1867）年のフランス軍事顧問団による三兵伝習ではフランス式のラッパが正式に教えられ、ピエール・クロドミールのラッパ教則本（1865年版）のラッパ譜部分が田辺良輔訳『喇叭符号　全』（1867年）として刊行されました[11]。

　明治維新後、明治2（1869）年には薩摩藩伝習生が横浜駐屯中のイギリス陸軍第10連隊第1大隊軍楽長ジョン・ウィリアム・フェントン（1831-1890）から軍楽伝習を受け、のちの陸海軍軍楽隊の母体となります。フェントンは明治4（1871）年から10（1877）年まで海軍軍楽隊の教師を務め、かつて自身がイギリス陸軍軍楽学校で学んだカール・マンデルの音楽理論教科書『Mandel's System of Music』（1871年）を、離任時に海軍軍楽隊に寄贈しています[12]。また、フランス式を採用した陸軍軍楽隊でも、教師ジョルジュ・ダグロン（1845-1898）在任時の明治8-9（1875-1876）年にはすでに楽器と教則本、ソルフェージュ用教科書をパリから購入していましたし[13]、フラン

11　中村 1993。
12　塚原 2019。

ス陸軍軍楽長のシャルル・ルルー（1851-1926）が教師に着任した明治17（1884）年には、オーギュスタン・サヴァールの『音楽原論』（1865年）を通訳の村越銘の訳で刊行しています[14]。こうして、西洋の軍事技術とともに導入された軍楽隊では、音楽の理論的知識はもっぱら五線譜の読み書きに直結した実践的なものになっていきました。

　軍隊に次いで西洋音楽を導入したのは、西欧型の外交行事や宮廷行事を取り入れた明治の宮廷です。式部寮[15]に所属する雅楽家たちは、それらに必要な西洋音楽の兼修を明治7（1874）年末から始め、明治9（1876）年の天長節（天皇の誕生日、11月3日）に宮中での初演奏を実現します。そして、明治11（1878）年頃には、自分たちのよく知る雅楽の十二律名や笛・篳篥・笙の譜字と西洋音名とを対照し、十二律の各音から始まる雅楽の律旋・呂旋の構成音を明示できる円盤状の「音旋指掌図」が作成されています[16]（図1）。雅楽では平安時代から律と呂というめぐりの違いが区別されてきましたが、西洋音楽と接触した明治期になって、この律・呂にmodeの訳語「旋法」を付して「律旋（法）」「呂旋（法）」とし[17]、これを雅楽の2種類の「音旋」（旋法の一種）であるとする説明が、式部寮で作られた『日本雅楽概弁』（1878年成稿）や『音楽略解』（1879年成稿）[18]に登場しました。西洋音楽の知識が、在来の音楽の理論的認識にも影響を与えたのです。

13　塚原 2022。

14　注11前掲書。

15　のちの宮内省式部職。宮廷の楽事を掌る雅楽家は明治3（1870）年に太政官に設置された雅楽局に所属、翌4（1871）年からは式部寮に転じた。

16　「音旋指掌図」は宮内庁書陵部谷森文庫所蔵。この図は筆跡から、国学者・谷森善臣の女婿である芝葛鎮（1849-1918）が作成したものと考えられる。芝は南都方（江戸時代に京都・奈良・大坂で活動した三方楽人のうちの奈良出身者）の笛を専門とする楽家出身で、宮内省での西洋音楽学習のリーダー役を務め、音楽取調掛にも御用掛として出仕し、後年は宮内省楽部の楽長を務めた（塚原 2009）。

17　「律旋法」という語は、明治10（1877）年に東京女子師範学校の依頼で作られた保育唱歌2曲（壱越調律旋法の遊戯「風車」と盤渉調律旋法の謳歌「冬燕居」）の楽譜に初出する。保育唱歌は、皇后・皇太后の行啓を迎える11月27日の附属幼稚園開業式で園児が披露するために、英語の保育書に掲載された幼児用の歌の歌詞を五七五七七の和歌の形式に翻訳し、それに雅楽家が旋律を付して作られた。

18　『日本雅楽概弁』は、パリ万博出品用に宮内省の式部寮雅楽課で作成された雅楽の概説書。写しが東京国立博物館に所蔵されている。なお、同名の宮内庁書陵部所蔵『日本雅楽概弁』9点は、同時期にパリ万博出品用に作成された雅楽譜で、概説書ではない。『音楽略解』は文部省の依頼を受けて式部寮が作成した雅楽の概説書で、宮内庁書陵部所蔵。東京藝術大学図書館にも写しがある（塚原 2009）。

明治13（1880）年に改訂された現行の「君が代」の旋律が「壱越調律旋」（いちこつちょうりつせん）と表記されるのも、この理論に基づくものです。

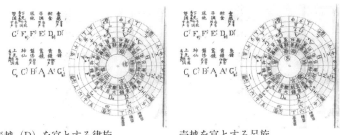

壱越（D）を宮とする律旋　　　壱越を宮とする呂旋

図1　『音旋指掌図』（宮内庁書陵部所蔵）

　軍隊・宮廷につづいて、教育分野でも西洋音楽との接点が生まれます。明治5（1872）年に公布された学制に、小学校に「唱歌」、中学校には「奏楽」を導入すると書き込まれますが、教材・人材ともに準備がなく「当分之を欠く」と但し書きが付されたことはよく知られています。その唱歌教育の実現をめざして、明治12（1879）年文部省内に設置されたのが音楽取調掛でした。音楽取調掛は、アメリカ留学中に音楽教育家ルーサー・ホワイティング・メーソン（1818-1896）から唱歌を学んだ伊沢修二（1851-1917）を長として、明治20（1887）年、東京音楽学校に昇格するまでの8年間にわたり非常に多くの事業に取り組みますが、教育用の音楽用語を確立することもその一つでした。実際、今日用いられる音楽用語の大半は、音楽取調掛で作られ文部省から出版された教科書『音楽問答』『楽典』（ともに1883年）、『音楽指南』（1884年）、『楽典初歩』（1887年）によって確立するのですが、そこに至る過程で、瀧村小太郎（鶴雄、1839-1912）という音楽取調掛の外部にいた人物の訳業が非常に大きな役割を果たしていたのです。

●3　瀧村小太郎と音楽取調掛による明治期の音楽用語創成

　音楽取調掛での音楽用語創成事業の解明に先鞭を付けたのは、東京藝術大学で1960-1970年代に行われた共同研究の成果『音楽教育成立への軌跡』

（1976 年）です[19]。瀧村小太郎は、音楽取調掛が明治 14（1881）年に買い上げた訳稿『西洋音楽小解』（1880 年 8 月稿了）、『約氏音楽問答』（1881 年 8 月稿了、『音楽問答』として 1883 年刊）や、つづく『西洋音楽調和要法』（1882 年稿了）、『愛米児孫唱歌声法』（1883 年稿了）の訳者として名は知られていましたが、音楽取調掛とは雇用関係になく、どのような人物なのか長く不明のままでした。

　長谷川明子の調査によってようやくその履歴が判明したのは平成 7（1995）年のことです[20]。瀧村は幕臣で、幕末には幕府勘定方役人、表祐筆・奥祐筆（文書・記録の作成を掌る職）を務め、維新後は徳川宗家を継いだ徳川家達の家扶となって生涯を送った人物でした[21]。彼は英語に長け、計数にも明るく、音楽にも堪能で、戊辰戦争の際に西郷隆盛と直談判して江戸の無血開城を実現した勝海舟とも親しい間柄でした。明治前期に来日して勝海舟の三男と結婚した米国人クララ・ホイットニーの日記[22]には、清楽の月琴や胡琴を弾じ、クララや式部寮の役人・岩田通徳[23]および雅楽家たちと密に交流を重ね、その依頼で明治 11（1878）年の第 3 回パリ万博に出品する日本古典音楽の概説書[24]を英訳する瀧村の姿が活写されています。瀧村が後に『西洋音楽小解』で mode を旋法、major を太旋、minor を少旋と訳したことに着目すると[25]、雅楽の音階を律旋・呂旋と名付けたのは式部寮（岩田と雅楽家たち）と瀧村のラインだったのではないかと私は考えています。

　さて、瀧村はこれらの訳稿をどのような手順で作成したのでしょうか。最

19　東京芸術大学音楽取調掛研究班 1976。とりわけ高橋浩子が担当した第 4 章第 1 節「楽語の創成・翻訳」。のちに森節子がこれを補訂し、藤原・長谷川・森（1995）の第 3 章「瀧村小太郎の『西洋音楽小解』と音楽取調掛の楽語創成」として発表。
20　藤原・長谷川・森（1995）の第 2 章「瀧村小太郎の生涯」。
21　瀧村の経歴は『鳴鶴遺稿』（大阪公立大学中百舌鳥図書館瀧村文庫所蔵）所収の「瀧村小太郎君小伝」による。瀧村は、明治 18（1885）年に西洋と日本の音律に関する稿『音律精算』2 巻を書き上げており（同瀧村文庫所蔵）、このうち十二平均律の計算を含む西洋の音律に関する『音律精算』一の浄書稿が、伊那市創造館の伊沢資料中に含まれる。
22　ホイットニー 1996。
23　岩田通徳（1826-1907）も幕臣で、幕末に京都見廻役、日光奉行、大目付などを務め、維新後は掛川奉行・静岡藩少参事を経て明治政府に出仕、明治 10（1877）年 9 月から式部寮雅楽課に勤務し『日本雅楽概弁』『音楽略解』作成に関与、『音律入門』（1878 年）を出版。
24　ホイットニーの日記にはこのように書かれるが、式部寮で作成した雅楽の概説書『日本雅楽概弁』を指すものと思われる。ただし、フランスに送付された英訳本は未見。
25　ただし『約氏音楽問答』では、今日に続く長調・短調に改めた。

初に訳出した『西洋音楽小解』の原本となったのは、『チェンバー百科事典』
（1873年版）や『ウェブスター辞典』の音楽項目でした[26]。そして、稿了前
に、宇田川榕庵の場合と同じように、同時代に中国で出版された文献を参照
しています。瀧村の場合、それは清の同治11年（明治5年、1872年）に米
国人女性宣教師のジュリア・ブラウン・マティーア（中国語表記は狄就烈、
1837-1898）が上海の美華印書館から出版した『西国楽法啓蒙（さいこくがくほうけいもう）』でした。こ
の書は、五線譜による聖歌集の中国語訳『聖詩譜』の附録として、西洋音楽
の基本知識を問答形式でまとめたもので、瀧村はこの書を中村正直（まさなお）（敬宇（けいう）、
1832-1891）[27]から借覧し、主要部分を日本語に訳した『西国楽法啓蒙抄訳』
を残しています[28]。西洋の音楽用語について、中国の先行事例を参照しよう
としたのでしょう。ただし、瀧村は『西国楽法啓蒙』の音楽用語をそのまま
『西洋音楽小解』に採用することはせず、新造語ないし伝統用語をあててい
ます。また『西洋音楽小解』の太旋・少旋を『約氏音楽問答』では長調・短
調（長音階・短音階）に置き換えたように、訳語を後に変更する場合もあり
ました。興味深いのは、こうした中国文献の参照はこの後ほとんど見られな
くなり、逆に曽志忞（そうしびん）（1879-1927）や蕭友梅（しょうゆうばい）（1884-1940）ら20世紀初頭に
来日した留学生たちが明治日本で出版された西洋音楽に関する多くの入門書
や概説書を参照して、西洋音楽の基本知識を中国語に訳して伝えるように
なったことです。

　音楽取調掛では、『約氏音楽問答』を『音楽問答』として出版する際は神
津専三郎（づせんさぶろう）（1852-1897）[29]が、『西洋音楽調和要法』は小篠秀一（おざさひでかず）[30]が校閲して

26　『西洋音楽小解』は全6冊からなり、初編「音楽総説」は『チェンバー百科事典』のmusic
　　項目の訳、第2-5編は諸辞典の項目の抄訳を編纂したもの、附録「音楽語林」はアルファ
　　ベット順の訳語集。

27　中村正直も幕臣で幕末に留学生監督としてイギリスへ渡航し、明治4（1871）年にスマイル
　　ズの『自助論』（1859年）を翻訳刊行した『西国立志編』がベストセラーになる。東京女子
　　師範学校摂理や東京大学教授を歴任し英学塾・同人社を創立、明治6（1873）年受洗。保育
　　唱歌の作曲を式部寮に依頼したのも、東京女子師範学校摂理当時の中村だった。

28　『西国楽法啓蒙抄訳』は、大阪公立大学中百舌鳥図書館瀧村文庫蔵。瀧村は、「條理詳解」の
　　後に、「原文ノマヽ、ニテハ読易カラザルガ故ニ一読ナガラ直ニ和解シテ写シタルナリ／文中〔　〕
　　ヲ加ヘタルハ余ノ増註ナリ、鼇頭其他ノ英語ハ他ノ書ニヨリテ試ニ之ヲ配当シタルナリ　原
　　本ハ中村敬宇先生所蔵／明治十三年十月　瀧村鶴雄」と記している。なお、原本の『西国楽
　　法啓蒙』は、国内では関西大学図書館、東北大学図書館狩野文庫所蔵。

29　神津専三郎（仙三郎とも）は伊沢や高嶺秀夫とともにアメリカに留学し、帰国後は伊沢の片
　　腕として音楽取調掛を支えた文部官僚。東京音楽学校が存廃論争にさらされた明治24（1891）

います。こうした音楽取調掛での校閲によっても瀧村の訳語は変更されました。上田真樹は、瀧村が key note（定調ノ音）、tonic（宮）、principal note（主音）を慎重に訳し分けていたのに対して、校閲後の『音楽問答』では key note、tonic、clef note がすべて「主音」にまとめられたと指摘しています[31]。また瀧村が「宮・徴・退徴」とした tonic、dominant、subdominant は、『楽典』において「主和絃・属和絃・次属和絃」と改められ、今日の「主和音・属和音・下属和音」へつながります。学問的整合性より現場での使い勝手やわかりやすさが重要だったのかもしれません。

　瀧村の訳出した音楽用語のうち、今日まで残ったものとして、『西洋音楽小解』からは「音程」のほか「平均律」「旋法」「協和音」「器楽」「声楽」「室内楽」などが、『約氏音楽問答』からは「全音階」「半音階」「長調」「短調」などが出ました。なかでも音程は、音楽に関わる人々にとって今日ではその由来を意識することすらないほど使い馴れた語ですが、実は瀧村による新造語だったのです。

　瀧村の訳業なしには、音楽取調掛がごく短期間に音楽用語を整備することはできなかったはずですが、それほど大きな貢献にもかかわらず瀧村の音楽への関与は明治10年代の一時期に限られ、その後の瀧村は徳川家家扶としての職責を貫き、東京音楽学校と再び接触することはなかったようです。音程をはじめ、かつて自身が訳出した多くの用語がその後も音楽界で使われ続けていることを、明治末年まで生きた瀧村はどう感じていたのでしょうか。

❹ 明治期から戦後まで日本の音階はどう論議されたのか

　瀧村小太郎の訳稿を土台に音楽用語を整えていった音楽取調掛は、別の新たな課題にも取り組みました。それは、日本の音楽について国内外に発信し

　　年には、多くの音楽関係書から音楽の影響力を明らかにした『音楽利害――名楽道修身論』を出版して対抗した。神津は中村正直の同人社で学んだ経験があり、『音楽利害』も中村の『西国立志編』の構成を踏まえており（吉田 2001）、キリスト教にも入信した。

30　小篠秀一は、元陸軍軍楽隊長。明治11（1878）年から御用掛として式部寮での西洋音楽の指揮を担当し、明治13（1880）年からは式部寮の雅楽家とともに音楽取調掛最初の伝習人に加わり西洋音楽を学んだ。

31　上田（2006、2007）は瀧村の各稿をより詳細に分析した。

その特徴を説明することです。

　明治 17（1884）年には、それまでの事業内容をまとめた『音楽取 調 成績
申報書』（以下、『申報書』）が日本語と英語で出版されました。ここでは、
その中から、「本邦音階ノ事」の中で音楽取調掛が打ち出した日本の音階論
を見てみましょう。『申報書』では、まず七声（7 音）からなる雅楽の呂旋
と律旋が西洋の自然長音階、自然短音階とそれぞれ比較され、つづいて 7 音
からなる甲乙二種の俗楽の音階が示されました。ここでいう「俗楽」は、雅
楽以外の日本の音楽を意味します。今日では、日本の俗楽の音階は基本的に
五音音階（ペンタトニック）と考えられており、七音音階とする『申報書』
の説は、西洋音楽の知識も日本音楽に関する知識もまだ十分でなかった時期
の誤った見解と目されるのが一般的です[32]。しかも、「本邦音階ノ事」に先
立つ「内外音律ノ異同研究ノ事」の中では、三絃と箏曲の調弦法を取り上げ
て、箏の調弦で「平 調 子ナルモノハ西洋ノ短音階ニ毫モ異ナル事ナシ」と
いうくだりも見えます。つまり、『申報書』では西洋の音階と日本の（箏の）
音階には少しも違うところがないという主張の論拠として、平調子と西洋の
短音階が持ち出されたのです。

　当時の音楽取調掛では、雅楽と箏曲・長唄のみ専門家を雇い入れて調査や
五線譜化を進めていたので[33]、ここで示された俗楽の音階も主に箏曲と長唄
の観察から得た知見だったかもしれません。雅楽ではすでに式部寮で律旋・
呂旋を音階として明示していたのに対して、俗楽では、調弦法は明記されて
も音階の構成音が示されたことはありませんでした。しかも、各地に伝わる
民謡をはじめ、俗楽の中でも箏曲・長唄以外の音楽の実態については、ごく
僅かな情報しか持ち合わせていなかったのです。にもかかわらず、なぜ日本
の音階を示そうとしたのかを考えると、この時期には非西洋諸国の音楽にお
ける音階や音律の捉え方に注目が集まっており、やがて 19 世紀末に成立す
る比較音楽学においても初期には音階の解明がきわめて重要な研究トピック

32　小島 1982。

33　雅楽は御用掛もしくは伝習人として宮内省の雅楽家が多数在籍し、箏曲（山田流）は
　　山勢松韻らを擁して五線譜による『箏曲集』（1888 年）を作成した。長唄でも杉本金太郎（の
　　ちの 2 世稀音家浄観）を雇い入れたほか、音楽書の翻訳に当たった旧幕臣の内田弥一も長
　　唄に堪能だった。箏曲・長唄では主に歌詞を改訂する「俗曲改良」が行われた。

の一つであったことが想起されます。

　日本音楽に関する対外発信に立ち戻ると、明治維新後に日本政府が参加した明治6（1873）年のウィーン万博には日本の雅楽と俗楽の楽器や舞楽画屏風・能装束などが出品されましたが、つづく明治11（1878）年の第3回パリ万博の場合は、音楽展示への出品が当時国内で唯一の音楽機関であった式部寮に要請されたため、式部寮で扱われる雅楽に限って楽器・楽譜・舞楽図・概説書が出品されました[34]。ここで初めて、雅楽の概説書『日本雅楽概弁』が作成され、唐楽の六調子（壱越調、平調、太食調、双調、黄鐘調、盤渉調）の基音である壱越・平調・双調・黄鐘・盤渉の5音から始まる律旋と呂旋が、雅楽の2種の音旋として記述されたのです。翌明治12（1879）年に式部寮で作成された『音楽略解』ではそれをさらに拡大し、十二律の各音から始まる律旋と呂旋が説明されました。明らかに、西洋音楽の長調・短調を意識してそれに対比させようとしたように思われます。

　そして、明治12（1879）年に音楽取調掛が設置されると、こうした日本音楽の対外発信もすべて音楽取調掛に任されるようになり、明治17（1884）年のロンドン衛生博覧会を皮切りに、欧米での多くの博覧会に楽器や楽譜・説明書などを出品しました。ロンドン衛生博には雅楽の琵琶や箏の調弦を写し取った音叉セットも出品され、音高測定のセント法で名高いアレクサンダー・ジョン・エリス（1814-1890）の測定データとともに返送されたものが、現在も東京藝術大学大学美術館に所蔵されています。

　そうした中で、明治26（1893）年に米国で開催されたシカゴ・コロンブス博覧会には、当時の日本の音楽状況を伝えるために、雅楽・俗楽および清楽・洋楽の楽器、舞楽絵屏風、音楽取調掛―東京音楽学校が出版した『小学唱歌集』『幼稚園唱歌集』『中等唱歌集』『箏曲集』などの楽譜、『音楽取調成績申報書』『音楽問答』『楽典』『音楽指南』『音楽利害』等の出版物が出品されました。特筆されるのは、このとき雅楽と俗楽に関する英文説明書として、上真行[35]の *A General Sketch of the Gagaku*（*Classical Music*）と上原

34　塚原 2009、第5章。
35　上真行（1851-1937）は笛を専門とする南都方楽家の出身者。西洋音楽を兼修し、音楽取調掛の伝習人となり、その後も教官として唱歌・音楽理論・チェロなどを教えた。

六四郎[36] の *Some Discussions on Melodies of Japanese Popular Music* がそれぞれ作成されたことです[37]。

　このうち、上原の日本語の原稿は改訂されて、2年後の明治28（1895）年に『俗楽旋律考』として日本語で出版されました。この書には、俗楽の音階は上行形と下行形をもつ五音音階で、半音を含まない陽旋（田舎節）と半音を含む陰旋（都節）の2種（図2）があること、陽旋は雅楽の律旋と同じものであること、といった結論が述べられています。

図2　陽旋（田舎節；上段）と陰旋（都節；下段）の上行形・下行形

　雅楽の音階が律呂という既存の理論的認識を基に明示されたのに対して、俗楽の音階に関しては前述した『申報書』の七音音階説のほか参照可能な立論はなく、上原の陽旋・陰旋の五音音階説は独自の研究観察から帰納的に導き出された、当時として画期的な説でした。しかも上原は、もっぱら都節（陰旋）を箏曲・長唄・地歌・尺八などから研究して、田舎節（陽旋）や謡曲はごく僅かしか調査できなかったと自ら語り[38]、「田舎節音階の事」中で「近時の発刊に係る俗曲集の類を撿するに」として「あさくとも」「十日戎」「沖の大船」を挙げているので、この3曲を収録する小畠賢八郎『日本俗曲集』（1891年）[39] を参照した可能性が高いと考えられます。これらは各地域

36　上原六四郎（1848-1913）は岩槻藩士として江戸に生まれ、開成所でフランス語と物理学を学び、陸軍省に勤務して気球製作にも携わる。その後、東京工業学校教授、東京美術学校教授、東京音楽学校教授、東京高等師範学校教授などを歴任。音楽学校では音楽史・音響学を講じた。琴古流尺八の二代荒木古童（1823-1908）の高弟でもあった。

37　両者の原稿は東京藝術大学附属図書館所蔵。英訳は鈴木米次郎（1868-1940）による。

38　上原六四郎『俗楽旋律考』緒言に「予素と音楽に精しからずと雖も、明治八年以来稍々之が攻究を試む。而して予の専ら攻究せるは都節中の俗箏、長唄及び京坂地方の所謂地歌並に尺八の本曲にして田舎節、謡曲等は僅に之を玩味するを得たるのみ」とある。

39　小畠賢八郎は陸軍の第4師団軍楽隊楽長を務めた。『日本俗曲集』は9版まで版を重ねるが、

に伝承されるいわゆる民謡ではなく、そのため上原の「田舎節」には、後に小泉文夫が「民謡音階」と名付けることになる民謡に多く見られる音階（図3）の形は含まれていませんでした。この時期には民謡の収集・採譜がまだほとんど行われておらず、小島美子の説くように[40]、上原は民謡らしい民謡に接していなかったといえます。

図3　民謡音階

とはいえ、上原のこの書は日本の音階論の出発点としてその後も長く参照され、上原の唱えた音階理論は田辺尚雄や下總皖一によって補訂されながらも提示され続けます[41]。この間、大正期には東京音楽学校邦楽調査掛や田中正平の邦楽研究所などにおいて日本音楽の採譜が進められますが[42]、雅楽や各種の三味線音楽など専門家が存在する音楽種目が中心で、民謡はほとんど扱われませんでした。また、日本音楽に関わる歴史的資料についても、東京音楽学校が大正期に開催した『能楽資料展覧会』（1914年）や『雅楽・声明資料展覧会』（1915年）などを通して、徐々に音楽関係者の間で共有されるようになっていきます[43]。ただし、それらの資料を用いた日本音楽の歴史的研究や理論的研究が本格化し、日本の音楽の理論的な側面やその歴史的変化が明らかにされていくのはずっと後のことです。昭和期以降は、各地に伝わる民謡の収集・採譜が学校関係者や武田忠一郎（1892-1970）、町田嘉章（のちに佳聲、1888-1981）らの放送関係者によって行われ、上原の時代には入手できなかった全国に散在する民謡が大量に楽譜化され、『日本民謡大観』（1944-1993年）などの形で公刊されるようになります。

　　　所収曲目や序文などは版による異同が大きい（黒川 2023）。
40　小島 1982。
41　小島 1982；鈴木 2019。
42　東京音楽学校邦楽調査掛での採譜については、寺内（2010）や大角（2008）を参照。田中正平の邦楽研究所での採譜については、山田（2004）を参照。
43　東京芸術大学百年史編集委員会 2003。

そして、『俗楽旋律考』出版から60年以上を経た昭和33（1958）年に出版され、日本音楽の音階論の新たな枠組みを提示したのが、小泉文夫（1927-1983）の『日本伝統音楽の研究』（1958年）です。「小泉理論」として広く受容されていくこの新しい日本音階論は、その理論としての美しさにおいても、琉球音階（沖縄音階；図4）を初めて日本の音楽文化に包摂した点においても画期的なものでした。

図4　琉球音階

　長木誠司は、小泉が対象とした「伝統音楽」が雅楽でも能楽でもなく民謡であり、採譜された民謡に対して比較音楽学的アプローチをとったことにより「従来の日本音楽研究者の陥穽、すなわち中国の理論に基づいて、日本音楽の組織を仮構するという罠にはまらずにすみ、またそうした従来のあらゆる立論から距離を置くことができた」と、日本の音階論がそれまで無意識に前提としていた中国由来の音楽用語と発想とに決別した点でも大きなパラダイム転換だったと指摘しています[44]。逆にいえば、現代日本で通用する音楽理論体系への転換には明治以降もなお相当の時間を必要としたともいえ、その背後では日本の音楽に対する理論構築に不可欠な音楽情報の集積が間断なく続けられていたことに留意すべきでしょう。

　日本音楽に関する情報は、来日外国人の観察に基づく著述によっても欧米にもたらされました。明治初期のレオポルド・ミュルレル（1824-1893）やバジル・ホール・チェンバレン（1850-1935）、フランシス・テイラー・ピゴット（1852-1925）らの業績が知られています[45]。東京音楽学校で和声やヴァイオリン、オルガンを教えたルドルフ・ディットリヒ（1861-1919）は、1895年に行った講演に基づく論文「日本音楽を知るために」を帰国後

44　長木2010、125頁。
45　ミュルレルについては寺内（2013）を参照。チェンバレンとピゴットの書には邦訳がある（『日本事物誌』1・2、1969年、『日本の音楽と楽器』1967年）。

にドイツ東洋文化研究協会（略称OAG）の機関誌に投稿しました[46]。また、比較音楽学のエーリッヒ・フォン・ホルンボステル（1877-1935）とオットー・アブラハム（1872-1926）は、1903年の共著論文「日本人の音組織と音楽に関する考察」の中で日本の音階に触れています[47]。しかしながら、欧米に届いた日本の音楽に関する情報やそれに対する評価が、国内に再び伝えられて新たな動きを引き起こすような事態は、当時まだ起こりませんでした。そうした音楽情報の還流と影響が発生するのは、早くても1930年代、多くは戦後のことではないでしょうか。

　日本の音階をめぐる論議に関連して、西洋音階とは異なる組成をもつ日本の音階に基づく旋律への和声づけの歩みにも少し触れておきます。西洋音楽の導入初期にまず作られたのは、軍楽隊が演奏する天皇礼式曲「君が代」をはじめとする儀礼曲でした。明治13（1880）年の「君が代」改訂の際、複数の候補から現行の旋律を選んで和声づけしたのは海軍軍楽隊教師のフランツ・エッケルト（1852-1916）です。その後、陸軍軍楽隊の教師シャルル・ルルー（1851-1926）も、滞日中に収集した日本の旋律や清楽の旋律を用いたピアノ曲「日本と中国の歌」をフランスで出版しています。ディットリヒも、箏歌や俗曲の旋律に基づくピアノ曲集「日本楽譜」第1・第2巻（1894・1895年）、「落梅」（1894年）をドイツで出版しました。ディットリヒは東京音楽学校編『小学唱歌集用オルガン・ピアノ楽譜』（1899年）や、明治26（1893）年に公布された『祝日大祭日唱歌』8曲に和声づけした東京音楽学校編『祝日大祭日唱歌重音譜』（1900年）も作成しています。8曲の内訳は西洋音階が3曲、雅楽音階が5曲ですが、後者のうち「元始祭」「神嘗祭」「新嘗祭」は和声が付されずユニゾンになっています。

　東京音楽学校でディットリヒが行った和声教育は、基本的に19世紀後半のドイツ音楽圏の和声学に即した「実技」であり、当時として高度な内容だったようですが[48]、それを支える理論や和声自体の歴史的変遷には注意が払われませんでした。軍楽隊でも当時の人々が耳馴染んだ長唄「越後獅子」

46　土田（2020）にその全訳がある。
47　寺内2004。寺内論文の付録資料にホルンボステル＆アブラハム論文の全訳が掲載されている（ホルンボステル＆アブラハム2004）。
48　本書第2章および高濱（2024）を参照。

「老松」や箏曲「六段」などを編曲して演奏し、東京音楽学校でも日本の音階を用いた唱歌が一部作られましたが、日本風の旋律への和声づけが意識的に探究された訳ではありません。ところが大正時代に入ると、新たに童謡・新小歌・新民謡・日本歌曲などの創作が始まり、本居長世・中山晋平・藤井清水・弘田龍太郎・山田耕筰ら多くの作曲家が日本風の旋律への和声づけを個々の作品の中で模索し試行するようになります。こうした動きはさらに管弦楽作品が本格的に作曲されるようになる昭和期にも続き、昭和6（1931）年に始まる東京音楽学校での作曲教育においても、いわゆる「在野」の作曲家の活動の中でも、とくに和声に対する独自の方法論が探られ続けます。音楽上の和洋折衷を体現する場の一つであった活動写真[49]音楽の世界でも、多様な実践が試みられました。

　そして、1930年代には音楽創作に際しての日本的和声をめぐる広汎な議論が呼び起こされ、フーゴー・リーマン（1848-1919）らの理論が改めて参照されるとともに（☞第3章）、箕作秋吉（1895-1971；☞第5章）やプリングスハイム（1883-1972；☞コラム vol. 6）、田中正平（1862-1945；☞コラム vol. 2）、早坂文雄（1914-1955）らによって独自の日本和声論[50]が書かれました。音楽創作における独自性をめぐる議論は、戦時期をはさんで環境が激変した戦後の日本にも、形を変えて継承されていったように思われます。

🐚 おわりに

　蘭学者の宇田川榕庵が限られた情報の中で西洋音楽の訳稿に取り組み始めた1830年代からおよそ百年にわたる動きを、音程・音階・和声などにかかわる用語や事象の変遷に即してたどってきました。明治期以降の日本では、国策上、西洋音楽の実際の音響と実践がまず必要とされたために、音楽理論は独立した領域ではなく実践に付随したものと位置づけられました。江戸時代に儒学者らが取り組んだ音楽研究、とりわけ楽律をめぐる学問的研究の足跡は近代日本では顧みられず、音楽に対する彼らの問題関心も対象となる音

49　映画の旧称。
50　箕作秋吉の五度和声論については、安川・張（2024）を参照。

楽の種類が変わったために引き継がれませんでした。その背後に、中国由来から西洋由来の音楽理論への大きな転換があったことは事実ですが、音楽をめぐる学問的研究という営為そのものが、近代日本における音楽実践の必要度の高さと圧倒的な影響力の下に立ち位置を失ったようにも見えます。

　近代以降の音楽分野からの留学生も、明治17（1884）年の陸軍軍楽隊、明治22（1889）年の東京音楽学校からの最初の派遣者・幸田延（1870-1946）を手始めに、ほぼ実技専攻者で占められました。音楽研究に関わる人物としては、明治17年から15年間ベルリン大学で音響学を学んだ田中正平や、大正3（1914）年からケンブリッジ大学で音楽学を専攻した徳川頼貞（1892-1954）を挙げることができます。しかし、帰国後の田中も徳川もそれぞれ音楽に関わるユニークな事業（田中は日本音楽の採譜と美音会を通じた普及、徳川は音楽資料の収集や南葵音楽堂の建設）を行ったとはいえ、国内ではアカデミックな音楽研究の場は得られませんでした。これは、同じ芸術分野の中でも美学・美術史の講座が戦前から東京帝国大学はじめ複数の大学に置かれたのに対し、音楽学は戦後に至るまで大学には専門の講座がなかったこととも関係します。この点、ライプツィヒ大学で学位を得た蕭友梅やベルリン大学での王光祈（1892-1936；☞第4章）を輩出した近代中国と比べても、近代日本における音楽理論や音楽研究の展開は遅かったように見えます。

　21世紀に生きる私たちは、こうした状況を踏まえて、理論を含む音楽の歴史的変遷やその意味を幅広く探究する活動にも果敢に取り組んでいく必要があるのではないでしょうか。

引用文献

ホイットニー、クララ 1996『勝海舟の嫁 クララの明治日記』上下巻、一又民子ほか訳、東京：中央公論新社（中公文庫）。

ホルンボステル、エーリッヒ・フォン、オットー・アブラハム［1903］2004「日本人の音組織と音楽に関する考察」寺内直子訳、『日本音楽・芸能をめぐる異文化接触メカニズムの研究——1900年パリ万博前後における東西の視線の相互変容』研究課題番号：13410018、平成13-15年度科学研究費補助金（基盤研究B（1））研究成果報告書、井上さつき・寺内直子・渡辺裕（編）、90-132頁。

上田真樹 2006「明治初期における西洋音楽用語の創成——瀧村小太郎の試行」『音楽教育史研究』第9号、11-22頁。

―― 2007『明治初期における西洋音楽用語の創成――瀧村小太郎と音楽取調掛』東京藝術大学博士学位論文。

遠藤徹 2013『雅楽を知る事典』東京：東京堂出版。

大角欣矢（研究代表）2008『近代日本における音楽専門教育の成立と展開』研究課題番号：17320026、平成17-19年度科学研究費補助金（基盤研究（B））研究成果報告書。

音楽取調掛（編）1884『音楽取調成績申報書』東京：文部省。

川原秀城 1990「『律呂正義』続編について――西洋楽典の東漸」『中国研究集刊』第9号、20-29頁。

榧木亨 2017『日本近世期における楽律研究――『律呂新書』を中心に』東京：東方書店。

草下實 1988「幕末の蘭学者宇田川榕菴と楽律研究」『宇田川榕菴の楽律資料を巡って』津山洋学資料第10集、1-61頁。

黒川真理恵 2023「資料調査報告『西洋楽譜 日本俗曲集』」『音楽学』第68巻2号、130-134頁。

小島美子 1982「伝統音楽における音階論の歴史」東洋音楽学会（編）『日本の音階』（東洋音楽選書9）東京：音楽之友社、27-38頁。

鈴木聖子 2019『〈雅楽〉の誕生――田辺尚雄が見た大東亜の響き』東京：春秋社。

高濱絵里子 2024「ルドルフ・ディットリヒの和声教育」『東京藝術大学音楽学部紀要』第49集、69-83頁。

武内恵美子（編）2021『近世日本と楽の諸相』京都：京都市立芸術大学日本伝統音楽研究センター。

田中有紀 2018『中国の音楽思想――朱載堉と十二平均律』東京：東京大学出版会。

長木誠司 2010『戦後の音楽――芸術音楽のポリティクスとポエティクス』東京：作品社。

塚原康子 1987「宇田川榕庵の音楽関係資料について――とくに西洋音楽関係の訳稿を中心に」『東洋音楽研究』第43号、43-77頁。

―― 1988「宇田川榕菴の音楽用語について」『宇田川榕菴の楽律資料を巡って』津山洋学資料第10集、65-82頁。

―― 1993『十九世紀の日本における西洋音楽の受容』東京：多賀出版。

―― 2009『明治国家と雅楽――伝統の近代化／国楽の創成』東京：有志舎。

―― 2019「日本におけるエッケルトの足跡――明治期の外国人軍楽教師との比較から」ヘルマン・ゴチェフスキ研究代表科研報告書『近代日韓の洋楽受容史に関する基礎研究――お雇い教師フランツ・エッケルトを中心に』、98-114頁。

―― 2022「明治期の陸軍軍楽隊再考――アジア歴史資料センター文書を用いて」『東京藝術大学音楽学部紀要』第47集、33-52頁。

土田英三郎 2020「ルードルフ・ディットリヒ「日本音楽を知るために」――海外における日本音楽受容史の一史料」土田英三郎ゼミ有志論集編集委員会（編）『音楽を通して世界を考える』東京：東京藝術大学出版会、10-53頁。

寺内直子 2004「1900年前後ヨーロッパにおける日本音楽研究――ホルンボステルとアブラハムの論文を中心に」井上さつき研究代表『日本音楽・芸能をめぐる異文化接触メカニズムの研究――1900年パリ万博前後における東西の視線の相互変容』科研報告書、62-89頁。

―― 2010『雅楽の〈近代〉と〈現代〉――継承・普及・創造の軌跡』東京：岩波書店。

―― 2013「レオポルト・ミュルレルの〈日本音楽に関するノート〉について」『国際文化

学研究』第 40 号、25-72 頁。

東京芸術大学音楽取調掛研究班（編）1976『音楽教育成立への軌跡—音楽取調掛資料研究』東京：音楽之友社。

東京芸術大学百年史編集委員会（編）2003『東京芸術大学百年史 東京音楽学校篇』第 2 巻、東京：音楽之友社。

中村理平 1993『洋楽導入者の軌跡——近代日本洋楽史序説』東京：刀水書房。

新居洋子 2016「清朝宮廷における西洋音楽理論の受容」川原秀城（編）『中国の音楽文化——三千年の歴史と理論』東京：勉誠社。

野村正雄 2020「宇田川榕庵稿『和蘭邦訳洋楽入門』の原典解明とニュートンによる音階と虹色の対応」『一滴』第 27 巻、津山洋学資料館。

林謙三 1970「雅楽の伝統」芸能史研究会（編）『日本の古典芸能 雅楽』東京：平凡社。

藤原義久・長谷川明子・森節子 1995「瀧村小太郎の生涯と楽語創成——原資料による西洋音楽受容史の一考察」音楽図書館協議会（編）『音楽情報と図書館』東京：大空社、161-204 頁。

安川智子・張恵玲 2024「箕作秋吉の五度和声理論にみる異文化共存——音楽の国際連盟を目指して」『音楽学』第 69 巻 2 号、81-96 頁。

山田智恵子 2004「田中正平による義太夫節の五線譜化」『大阪音楽大学研究紀要』第 43 号、5-22 頁。

吉田寛 2001「神津仙三郎『音楽利害』（明治 24 年）と明治前期の音楽思想——19 世紀音楽思想史再考のために」『東洋音楽研究』第 66 号、17-36 頁。

コラム vol. 1

翻訳語としての「音楽」

菅原光

　日本で使われている学術用語の多くは西洋由来の概念を表現するために造られた翻訳語です。このことに思いが及べば、元になった西洋語（原語）の意味のみならず、その背景となっている西洋の文化や思想、そして翻訳語発明時に参照された日本や中国の伝統思想についての理解が必要であることが分かります。それが実現した時、原語と翻訳語との間に無視し得ないほどのズレが存在していることに気付くこともあります。このズレに気付かないままに翻訳語のみを用いて文献を読み、考えていると、同じことについて考えているつもりの西洋人と日本人とが、実はだいぶ違ったことを考えているということになりかねません。

　例えば、individual の翻訳語として通用している「個人」という語は江戸時代には存在していませんでした。「個人」の原語である individual は、それ以上分けることのできない最小単位という意味合いを持つ概念ですが、江戸時代の国や天下を構成する最小単位は原則として「家」であり個人ではありません。家ごとに家職が決まっていた当時、人々は家職を継ぐことを当然視していて、自分自身で職業や結婚相手を選択し得るなどと考えることは普通はなかったのです。それゆえ、個人という用語が存在する必要はありませんでした。しかし西洋思想の影響を受けはじめた江戸時代末期になると、国や天下を構成する最小単位は家ではなく individual であるべきだという理解が示されるようになってきました。そこで individual という概念を表現する訳語が必要となり、複数の候補の中で個人という訳語が定着するようになったのです。しかし個人という漢字2文字は、全体から遊離した一匹狼のような印象を与えます。個人という語に、全体を構成する要素というニュアンスが込められることは少なく、それゆえ、個人主義は全体の和を乱すものとして否定的に捉えられることがあります。

コラム vol. 1　翻訳語としての「音楽」

　同様の理由に基づく現象として、「思い通り」「便利」といった意味の他に「勝手」「きまま」という意味をも持つ「自由」という伝来の日本語によってfreedom が置き換えられたことで、自由は追求すべき理想であるよりも警戒すべきものとして認識されることもあるという事例を挙げることもできるでしょう。

　英語の public やドイツ語の Öffentlichkeit は、「公」や「公共（性）」などと翻訳されますが、「公」という漢字は、中国由来の概念としての意味合いと「オホヤケ」と発音する伝来の日本語の意味合いとの間にズレがあり、その理解が公寄りなのかオホヤケ寄りなのかによってだいぶ異なります。「私」とは公でないことを意味し、両者が反対の方向を向いた関係として理解される中国の「公・私」関係に対し、「オホヤケ・ワタクシ」関係は、相対的な上下や大小を表すからです。公はいかなる時、場面でも公ですが、オホヤケはより大きなオホヤケの前ではワタクシと認識されるなど、両者の間には違いがあり、さらに両者は、広く人々に関することを意味する public とも異なる部分があります。公とオホヤケという概念の異同に無頓着なままに public を理解し、それを公共性などという語で論じてしまえば、行き着く先は表現したかったはずのものからだいぶ遠ざかったものになりかねません。

　福沢諭吉は『西洋事情　二編』（1870 年）において、「訳書中に往々自由^{原語「リベルチ」}通義^{原語「ライト」}の字を用ひたること多しと雖ども、実は是等の訳字を以て原義を尽すに足らず」（慶應義塾 1958、486 頁）と述べ、既に以上のような問題に注意を促していましたが、「原義を尽」くし得ていない翻訳語の影響によって、そしてそれを意識しないままに翻訳語を用いて考えることによって、西洋では起こりにくい問題状況が発生し、正確な理解を妨げている部分があることには、改めて注意してみる必要があるでしょう。

　「音楽」という語についてはどうなのでしょうか。儀式や作法、制度などを意味する礼と合わせて「礼楽」と並び称される「楽」の他、音楽という漢字 2 文字も既に中国古典で用いられていましたが、江戸時代末期以降、音楽は music の翻訳語としても用いられるようになっていきました。例えば文久 2（1862）年の『英和対訳袖珍辞書』には "Music" の訳語として「音楽」が掲載され（堀 1862、521 頁）、慶応 3（1867）年の『和英語林集成』

では "Ongaku, 音楽" が "An entertainment of vocal and instrumental music, accompanied with dancing"（ヘボン 1867、339 頁）と説明されています。その後、音楽と言えば西洋由来のそれを意味するようになって今に至ります。

　儒教における最重要文献のうちの一つとして「楽経」が挙げられるように、中国古典の世界では音楽は極めて重要なものとして認識されていました。「詩に興り、礼に立ち、楽に成る」（『論語』泰伯篇、第8章）とあるように、君子の教養は音楽によって締めくくられることになっていました。『史記』には、食事を忘れるほどに演奏と歌唱に夢中になり、困難に直面した際にも相変わらず琴を弾き歌うことをやめなかったという孔子の姿が記されています。孔子は、良い社会を作り上げていくためには音楽による民の感化が重要だと考えており、音楽は社会的作用を有するものとして政治と密接に結びつけて捉えられていたからです。だからこそ、社会を悪しき方向に向かわせかねない流行歌のような音楽を否定し、正しい音楽の重要性を強調するわけです。孔子が演奏し歌っていたのは、もちろん正しい楽だったということなのでしょうが、ただし、それがどのようなものであったのかは、もはや知ることはできません。

　江戸の儒学者の中にも同様の主張をする者たちがいました。例えば、克己心による自己統御、そして言語を通じた説得の有効性を否定する思想家であった荻生徂徠（1666-1728）は、自分自身を統御し得るのは心ではなく、他者を統御し得るのは言語による教化ではないと述べます。それを可能とするのは、天下を安んじるために制作された「礼」と「楽」だというのです。徂徠が「聖人の道は礼楽のみ」として礼楽を重視したことはよく知られていますが、その際に強調して理解されがちなのは礼の方です。しかし徂徠は、厳しい礼と、楽しい楽とを相互に補完する関係にあるものとして楽の重要性も指摘し、知らず知らずのうちに性情を然るべき方向に誘導する作用を持つものとしてその意義を捉えています。他方、「正しい楽」ではない「世俗の楽」に対して批判的なのは孔子と同様です。

　孔子や徂徠が明治時代に生きていたならば、西洋から music が流入し流行しているという状況に対しては、正しい楽が却けられて世俗の楽が流行

コラム vol. 1　翻訳語としての「音楽」

し、それゆえ、人心が悪しき方向へ導かれているとして批判していたことで
しょう。まして、それを「楽」や「音楽」といった由緒正しき語を用いて表
現するなど、もってのほかだったはずです。しかし実際には、明治時代以降
になって西洋から music が流入してきても、それに対する違和感も、それ
を「音楽」と訳すことに対する抵抗も目立っていません。岩倉使節団の在外
見聞報告書である『特命全権大使──米欧回覧実記』には、ヨハン・ゼバス
ティアン・バッハの曲も演奏されたという明治5（1872）年にボストンで
開催された大規模な国際音楽会について、「流れる雲でさえ立ち止まるほど
にさえわたっていた」（久米 1977、296 頁；本コラム執筆者による現代語
訳）といった感想が記されています。その演奏を「正しくない音楽」だとし
て不快に思ったとか、敵愾心に駆られたなどという様子はありません。岩倉
使節団のメンバーと同時代に活躍した西 周（1829-1897）という思想家
は、天下を化成する道具として礼楽を特権化し、古き良き音楽を再興させな
ければならないなどとする主張を、「実用にならない世間知らずの議論」（菅
原ほか 2019、100 頁）だと切り捨てていました。音楽などは芝居などと同
様、生活に余裕が出てきた際に関心が向くようになる娯楽に過ぎず、どんな
娯楽を楽しむかは好みの問題だというのです。

　そして今や、私たちの日常にあふれているのは西洋由来の音楽の方です。
交響曲のことは単に音楽と表現しても、日本古来の音楽のことは「雅楽」な
どと表現し、西洋由来の音楽とは区別されるのが普通です。孔子や徂徠のよ
うな儒学者からすれば、古き正しき楽に対する関心やこだわりが弱いのは
困ったことなのでしょうが、西洋由来の music こそが音楽という語を用い
て表現されるようになり、音楽と言えば西洋の音楽のことを想起する常識が
成立することになりました。全体の和を乱し、秩序を乱す諸悪の根源である
かのように「個人」や「自由」がみなされ、根強い抵抗があり続けているの
とは大きな違いがあります。それらの翻訳語と比べれば、「音楽」と music
とのズレを意識する必要性はあまりなさそうに思えます。しかし他方、この
ことは、音楽などは数ある娯楽のうちの一つに過ぎないという理解にもつな
がり得ます。音楽は、サッカーや長距離走、テレビゲームや映画鑑賞、パチ
ンコや競馬と等価なのでしょうか。そういった問いが成立し得るのも、音楽

という翻訳語の成立史に由来する一側面として見ることができるのかもしれ
ません。

引用文献

ヘボン、ジェームズ・カーティス 1867『和英語林集成』上海：美華書院。
久米邦武（編）1977『特命全権大使——米欧回覧実記』東京：岩波書店。
慶應義塾（編）1958『福沢諭吉全集』第 1 巻、東京：岩波書店。
菅原光ほか（訳）2019『西周——現代語訳セレクション』東京：慶應義塾大学出版会。
堀達之助（編）1862『英和対訳袖珍辞書』江戸：洋書調所。

―――― 第2章 ――――

学校で和声学を教える
―――音楽取調掛・東京音楽学校を例に―――

仲辻真帆

❧ はじめに

　近代日本における西洋音楽というと、まず何を思い浮かべるでしょうか。例えば、和服でヴァイオリンと尺八の和洋合奏をする男女、足踏みオルガンの音にあわせて唱歌をうたう子どもたち。それを「未熟」とみなす人もいるかもしれません。

　近代日本における西洋音楽の受容と展開といえば、未熟なものから進化を経て今日へと至る直線的な歴史変遷を思い描きがちですし、確かに現代的感覚によると違和感を覚える事例もあります。しかし、当時の人々にとって西洋音楽は斬新でした。その昇華の軌跡は、「進化」ではなく、多様な試行錯誤と熱気に満ちた模索の過程に跡づけられるのです。

　多くの日本人が西洋音楽の響きに接するようになったきっかけは、明治時代に始まった学校教育でした。室町時代から安土桃山時代にかけて、一部の日本人はキリシタン音楽を聴いたり演奏したりしていますが、江戸時代までの日本では、西洋の音楽を大衆が本格的に受容するには至りませんでした（「受容」については、本章の最後にあらためて言及したいと思います）。明治5（1872）年に「学制」が発布され、日本の学校教育に西洋音楽が導入された後、西洋音楽理論に関する研究も本格化し、それらを活用した創作活動が展開されていきます。第2章では、その歴史的展開を昭和初期まで追跡しますが、まずは明治前期の音楽教育状況を確認することから始めます。

　「学制」発布後、「唱歌」が学校教育の一科目となりました。近代日本における西洋音楽教育の始まりです。ところが、西洋音楽を教えようとしても、当初は教材もなく教員もいません。教科書作成や教員養成が急務となる中、明治12（1879）年、文部省内に日本最初の音楽教育機関として音楽取調

掛^{がかり}が新設されました。明治20（1887）年に東京音楽学校へ改組されるまで、音楽取調掛では東西の音楽を「取調」して、唱歌集を編纂したり、音楽教員を育成したりしていくことになります。その中で、音楽用語の創成や音階をめぐる議論もなされました（☞第1章）。

　では、我が国初の音楽教育機関における音楽理論教育の始まりとは、一体どのようなものだったのでしょうか。近代日本の音楽理論教育史については、まだあまり調査・考察されていません。西洋音楽の「受容」に関する先行研究は重要なものが複数出版されていますが[1]、「音楽理論」に着目した研究はまだ数少ない状況にあります[2]。そのため、まずは明治期から昭和初期の音楽取調掛・東京音楽学校の「音楽理論」の教育状況を概観することから始めます。「音楽理論」の中でも、最初期から学科目となっていた「和声学」は特に重要ですので、ここで重点的に扱うことにします。

　「音楽理論」や「和声学」というと、少し苦手意識をもってしまう人がいるようです。その理由は何でしょうか。煩雑な規則や和声記号の羅列を連想してしまうから、という人もいるかもしれません。しかし本章は難しい理論を説明するものではなく、近代日本の音楽教育機関で受容・研究されていった西洋音楽理論に関して、通時的に歴史をひもときつつ今日的観点をもって多面的に再考しようとするものです。本章は、西洋音楽理論を日本人としてどのように昇華させるか、という重大な課題に向きあった人々を巡るドキュメントです。

❶1　明治前期から中期に音楽理論教育はどのように展開したのか

　まだ「ハーモニー」という用語も概念も真新しかった明治時代に、日本の音楽教育機関ではどのような音楽理論教育がおこなわれていたのでしょう

1　多くの貴重な一次資料の調査結果が反映されている先行研究（塚原1993、中村1993など）は特に重要である。
2　和声理論書の普及状況について調査・考察した論文（森田・松本2008、仲辻2023）があり、音楽取調掛および東京音楽学校関連の資料集成（東京芸術大学音楽取調掛研究班1976、東京芸術大学百年史編集委員会1987、2003）の中にも音楽理論の教育史にかかわる記述が散見される。

か。ここでは明治前期から中期の「和声学」の試験問題の一部をご紹介します。当時の様子を想像しながら試験を追体験していただくと面白いかもしれません。

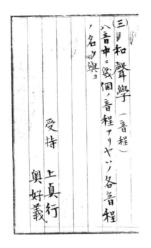

図1　音楽取調掛の「和声学」試験問題（明治16/1883年）

図1は、音楽取調掛で明治16（1883）年に実施された「和声学」の定期試験問題[3]です。文書記録として残されている最初の「和声学（音程）」の試験問題で、受持教員は上真行（うえさねみち）（1851-1937）と奥好義（おくよしいさ）（1858-1933）でした。上や奥は雅楽の演奏家で、音楽取調掛伝習人を経て教員になっています。「伝習人」とは？どうして雅楽の演奏家？と疑問を持った人がいるかもしれません。

ここで少しだけ、明治10年代（1880年前後）の音楽教育状況を確認しておきます。文部省内に音楽取調掛が設置されたことは先に述べました。そこに最初の学生22名が入学したのは明治13（1880）年のことです。22名のうち8名が雅楽の演奏家（伶人）で、学生は「伝習人」「伝習生」と呼ばれていました。明治14（1881）年からは「和声講義」を含む「音楽伝習」が開始されます。明治17（1884）年には4年間の学科課程表が示され[4]、2年次から「和声学」の伝習が始まり、4年次には「楽曲製作法」を学習する予定

3　『音楽取調掛時代文書綴 巻34 音監回議書類』（東京藝術大学附属図書館所蔵）所収。
4　音楽取調掛 1884、162頁。

となっています。ただしこれは当時の教育実態から乖離したもので、唱歌教育の「当分之ヲ欠ク」という但し書きと同様に、やはり制度や理念が先行していたようです。なぜそのような状況だったのでしょうか。教えられる教員がいなかったからです。そこで音楽取調掛では設置当初、教員向けに外国人教師のレクチャーが開講されました。ルーサー・ホワイティング・メーソン（1818-1896）が教員たちに対して実施した和声学の講義では、西洋音楽理論の基礎から説き始めています[5]。メーソンは、いわゆる「お雇い外国人」で、『バイエル・ピアノ教則本』の普及など日本の音楽教育の基盤形成に寄与した人です。最初に挙げた試験問題の出題者である上真行も奥好義も、それからこの後でてくる辻則承（1856-1922）も、皆メーソンの教えを受けた人々でした。

　試験問題に戻りましょう。明治16（1883）年7月の試験では、奥が3年生に出題した問題の第1問に「長音階三和音ノ転回ヲ明記セヨ」とあります。第2問では、6小節の譜例が示され、「右ノ低音ニ和声ヲ附セシム」と記されています。記録で辿ることができる限りでは、これが初めての数字つきバス課題とみられます。辻則承が2年生に出題した問題には「音程並ニ其転回ヲ起問シ之ヲ口答セシム」というような出題もあり、和音の連結やその関係性を学ぶ「和声学」というよりも、その基本となる個々の「和音」を扱った問題が出題されていることがわかります。

　明治16（1883）年の試験問題は音程関係や転回の理解度をはかる出題でしたが、2年後に辻が出した問題は和音の進行をふまえた内容となっています。2年生には、和声において第3音の重複が認められるのはどのようなときかと質問し、3年生には「静止法」の種類を問いかけます。この3年生向けの「静止法」の問題、つまり各フレーズを締めくくる和声の終止形に関する出題に対して、どのような解答が求められているのでしょうか。終止形には、文章の句点に相当する「完全終止（正格終止）」や、読点のような「半終止」などの種類があります。当時の伝習生は「完全正格」「不完全正格」「完全変格」「不完全変格」「半成」「詐欺」の6種類について記述していま

5　藤原1982、6-7頁。

す。「半成静止」「詐欺静止」は、それぞれ今日「半終止」「偽終止」として説明される終止法です。

　音楽に通じている人にとっても、なじみのない用語が出てきました。明治10年代と現代とでは、音楽用語にも違いが見受けられます。実はこの時期の和声に関する記述では、試験問題や解答で「主和絃」「和絃進行」というように、現代であれば「和音」と言い表される場面で「和絃」という用語が多用されています。「和絃」は明治時代に翻訳された音楽書『音楽問答』（ジョン・ユーシー著、瀧村小太郎訳、神津専三郎校訂、文部省、1883年）等にも記載されています。「和絃」という枠組みの中に「三和音」という用語・概念が内包されている事例[6]も見受けられるため、「和絃」と「和音」の差異・区別については研究の余地があると考えられますが、いずれにしても「和絃」という用語はやがて使用されなくなります。昭和15（1940）年頃の東京音楽学校では「和声学」が「クッセイガク」と呼ばれていたとの伝聞もあり[7]、音楽用語の読み方や使用漢字にも変遷がみられます。

　ここまで、1年生、2年生というように学年についても特に説明をせずに記述を進めてきました。当時の学年制度についても少しだけ追記しておきます。明治20（1887）年に音楽取調掛が改称されて東京音楽学校となった後、明治22（1889）年に「東京音楽学校規則」が制定されました。『東京音楽学校一覧　従明治廿二年至明治廿三年』（東京音楽学校、1890年）を参照しますと、同校には入学後の1年間を過ごす「予科」と、その後に進学する「本科」[8]があったことがわかります。カリキュラムをみると、和声の履修は本科の2年生からとなっていました。その後の改正[9]で、予科、本科、研究科、師範科[10]、選科が設置され、本科は声楽部、器楽部、楽歌部[11]で構成さ

6　エメリー 1896、20頁、および、石原 1896、11頁。

7　畑中 2004、42頁。

8　本科には「師範部」と「専修部」が置かれた。就学期間は、師範部が2年間、専修部が3年間で、「音楽ニ特別ノ才能ヲ有スルモノ」は専修部に、「音楽教員ニ適当ナルモノ」は師範部に進学した。

9　明治33（1900）年に大幅な規則改正があった。大正12（1923）年にも学則が大きく改訂され、書類上では「音楽通論」と「和声論」を合わせた科目として「音楽理論」が使用されることもあったが、その後の試験問題にも「和声学」という記載は見受けられる。

10　中等教員を養成する甲種師範科と小学校唱歌教員を養成する乙種師範科があった。

11　「歌文」「支那詩文」「西洋詩文」を重点的に学ぶコースで、明治33（1900）年に設置された。

れました。研究科は現代の大学院に相当するもので、師範科は教員養成のため、選科は技能教育のために設けられたコースでした。本章では学校の制度や規程について細かく述べることはしませんが、音楽の理論的基礎を学んだ後に和声学を履修する順序は明治から大正年間（1880-1920 年代）を通して変わりなく、また、音楽専門教育を施す本科・研究科でも教員養成課程の師範科でも和声学が学科目に含まれ、同じ授業時間数が確保されていたことは記しておきます。

　明治 22（1889）年の試験問題とその解答用紙、採点簿[12] を見てみましょう。譜例の和音について理論的正誤を問う問題や「和絃ノ種類（羅馬〔ローマ〕数字)」を記述する問題があります。数字つきバス課題でも的確な和音選択をしている様子が見受けられ、当時の和声教育について先行研究が指摘している「総じて和声の授業は順調に行なわれ、成果もあがっていたのであろう」（東京芸術大学音楽取調掛研究班 1976、376 頁）という記述も頷けます。

　明治 23（1890）年の試験では、ルドルフ・ディットリヒ（1861-1919）による出題が確認できます。ディットリヒは、アントン・ブルックナー（1824-1896）の弟子で、明治 21（1888）年から東京音楽学校の外国人教師として和声学、作曲法、ヴァイオリン、唱歌を担当していました。

　図 2 の第 2 問（四角囲みは本章執筆者による）のように、出題の中には明治 16（1883）年にも問題になっていた第 3 音重複に関する問いも含まれています。一方で、明治 10 年代に 1-3 問だった問題数は、このとき格段に増加して合計 20 問にも及んでいます。以後、ディットリヒが東京音楽学校を退職する明治 27（1894）年まで、彼の和声出題が確認できます。

　明治 30（1897）年の試験成績書類[13] において、初めて出題者として幸田延（1870-1946）の名前が確認できます。幸田延は音楽取調掛の第 1 期生で、日本人として最初に本格的な器楽曲「ヴァイオリン・ソナタ 変ホ長調」を作曲したことや、小説家・幸田露伴の妹としても知られています。幸田が

　　楽歌部は、歌詞の研究・創作に携わる人材育成を目指していたようだが、実際には入学者が
　　少なく、9 年後に廃止された。
12　『明治二十二年七月　学年末試験書類綴（乙)』。なお、注 12、13、15、23-27 の記載資料は、
　　いずれも東京藝術大学未来創造継承センター大学史史料室所蔵資料である。
13　『明治三十年　学年試業成績』所収。

図2 東京音楽学校におけるディットリヒの和声試験問題の一部（明治 23/1890 年）

1891 年からウィーン音楽院でヘルマン・グレーデナー（1844-1929）やロベルト・フックス（1847-1927）から和声学を学んでいたことは同音楽院の学籍簿に記載があり、フックスのもとにはプライヴェートでもレッスンに通っていたことがわかっています[14]。東京音楽学校における幸田の出題を調査してみると、明治 30（1897）年の試験問題で本科専修部 2・3 年に対して「別紙ノコラルニ和声ヲ附スル事」という課題を出していることが確認できました。図3のように、「別紙」に記載された旋律はト長調、4分の4拍子、19 小節から成るもので、高音部譜表にソプラノ課題が記されています。

幸田延による出題[15]には、文書記録において辿ることのできる初めての「転調」に関する問題も含まれていました。明治 38（1905）年の試験は転調とバス課題で、翌年の定期試験も同様の問題です。この転調の問題は、出題欄に "Modulation F-Des" のような記載しかなく、当時の答案用紙は残さ

14　平高 2018、2頁。
15　『明治三十八年六月　各科学年試験成績』所収。

図3　東京音楽学校における幸田延の和声試験問題（明治30/1897年）

れていないため、学生の解答や採点基準は確認できません。

2　明治後期から昭和初期における教育状況

　ここまで、明治10年代（1880年前後）の音楽取調掛から明治30年代（1900年前後）の東京音楽学校における和声学の試験問題を足がかりとして、当時の音楽理論教育の一端を明らかにしました。音楽取調掛・東京音楽学校は、日本で唯一の官立音楽学校だったのですが、明治30年代後半（1900年代）からは私立の音楽学校も認可を受けて開校されていきます。

　現存する私立音楽大学の中で創立年が最も早いのは東洋音楽学校です[16]。東洋音楽学校は、明治40（1907）年に鈴木米次郎[17]（1868-1940）によって設立され、今日の東京音楽大学へと発展しました。開学時のカリキュラムの中には、実技科目とともに和声学や対位法、楽式など音楽理論関連も含まれていました[18]。

　大正4（1915）年には、現在の大阪音楽大学の前身にあたる大阪音楽学校

16　現存しない例として、明治36（1903）年に設立された日本音楽学校、明治37（1904）年開設の東京女子音楽伝習所や女子音楽園（女子秋吟会）、明治38（1905）年開設の東京音院などがある。

17　明治21（1888）年に東京音楽学校を卒業した。唱歌の作曲、音楽理論書の編纂、点字楽譜の普及などに携わった。

18　東京音楽大学創立百周年記念誌刊行委員会 2007、234-235頁。

が設立され、やはり実技科目の他に音楽通論、和声学、作曲学のような学科目がありました。大阪音楽学校の授業では、永井幸次[19]（1874-1965）の作成したテキストが使用されていたようです[20]。

福井直秋[21]（1877-1963）が昭和4（1929）年に創設した武蔵野音楽学校もあります。同校は武蔵野音楽大学として現代まで発展してきました。福井は『初等和声学』（共益商社楽器店、1908年）など重要な理論書を刊行しています。

各学校の音楽理論の教育内容も気になるところですが、本章では明治初期からの歴史変遷に注目するため再び東京音楽学校に視点を戻します。前節で明治30年代（1900年前後）の和声の試験問題を追跡してきました。ここからは、明治40年代（特に1910年代）以降の様子を確認していきます。

明治40年代に入ると、出題の大半を島崎赤太郎（1874-1933）が担当するようになりました。オルガンの演奏や研究で知られる島崎については、1902-1905年にライプツィヒ音楽院に在籍していたことが同音楽院の学籍簿から明らかとなっており、副科で和声や音楽理論をエミール・パウル（1868-1936）から学んだとみられます[22]。

島崎による東京音楽学校の試験問題は、もっぱら数字つきバス課題でした。受験生の学年に合わせてバス課題の難易度を変えていたようです。例えば明治45（1912）年3月に実施された試験問題[23]では、本科2年生への出題が4-8小節の短いバス課題4問であるのに対し、甲種師範科3年生向けのバス課題は17小節と12小節の課題2問で、属九の和音や借用和音または転調を含むやや複雑な和声となっています。

大正年間（1912-26年）を通じて島崎の出題は継続します。一方で、大正時代には、本居長世（1885-1945）、中田章（1886-1931）、信時潔（1887-1965）、弘田龍太郎（1892-1952）らの出題も確認できます。とりわけ信時

19　明治29（1896）年に東京音楽学校を卒業した。鳥取、神戸、大阪などで唱歌やオルガンの指導にあたった。
20　大阪音楽大学70年史編集委員会 1988、82-83頁。
21　明治35（1902）年に東京音楽学校を卒業した。音楽教育者としての活動が顕著で、多くの音楽教本の編著者となった他、日本教育音楽協会を設立した。
22　小野 2012、41頁。
23　『明治四十五年　各科学年試験成績』所収。

は、昭和戦前期の東京音楽学校における作曲教育でも重要な役割を担うことになり、後続する時代との連続性を検討するうえでも鍵となる存在です。信時の出題が最初に現れるのは大正5（1916）年の試験成績書類[24]です。信時は、本科2年の和声学と、予科、本科1・3年、甲種師範科2年、乙種師範科の音楽通論の出題を担当しており、とりわけ本科3年と甲種師範科2年に向けた音楽通論の出題は、その内容が同じである点と「和音ノ結合ニ際シ注意スベキ一般條項ヲ簡単ニ列挙セヨ」「減七和音ノ構成、解決、所在及ビ其取扱上ノ特性ヲ記セ」というように、ほぼ和声学の内容である点が指摘できます。信時の出題をさらに追跡しますと、「本科三年試験問題（和声学）」[25]や「本科卒業試験 和声学問題（大正十二年三月）」[26]では、提示した旋律に和声づけをして合唱曲を作るように指示しています（図4参照）。

図4　東京音楽学校における信時潔の和声試験問題（大正12/1923年）

このような和声学の問題は、明治10年代に見られた音程関係や和音の基礎知識を問うものではなく、実践的な作曲と連結するものとしての和声教育であるということができるでしょう。

さらに、大正年間（1912-1926年）の和声学の試験問題を俯瞰してみたと

24　『大正五年　入学卒業試験成績』所収。
25　『大正九年　卒業及学年成績』所収。
26　『大正十二年三月　卒業試験書類』所収。

ころ、明治期に頻出していた「和絃」という用語はほとんど使用されていないことがわかりました。最後に確認できる「和絃」の使用は中田章による出題[27]で、「次ノ問題中適当ナル所ニ能フダケ七ノ和絃ヲ用ヒ其符号ヲ明カニシ凡テヲ作成セヨ」という記載です。しかし中田自身も、これ以降の出題では「和音」を用いており、「和絃」は使用していません。つまり、「和絃」という用語は大正初期に「和音」に吸収されていったのではないかと推測されます。

　ここまで試験問題について記してきました。明治期から昭和初期（特に1890-1930年代）にかけて、東京音楽学校の授業がどのようなテキストに基づき実施されていたのかも気になるところです。

　当時の授業で使用されていたテキストについては拙論（仲辻 2023）にも記載しましたが、本章でも少しご紹介しておきたいと思います。まず、スチーフェン・エメリー（1841-1891）により記され明治29（1896）年に普及舎から翻訳が出版された『和声学初歩』と、大正2（1913）年に淺田泰順によって翻訳・出版された『新訳律氏和声学』があります。『和声学初歩』の特徴はコラールの和声について多く記されていることで、非和声音（そのとき鳴っている和音の構成音以外の音）である経過音や倚音を有する旋律を和声とあわせて検討することが、和声学の理解・教育に関連づけられています。『新訳律氏和声学』の原著はエルンスト・フリードリヒ・リヒター（1808-1879）の著書で、1894年に刊行された増補版に基づき翻訳されたものです。

　また、次の3つの資料は、それぞれの前書きや本文の記述から、東京音楽学校での使用が裏付けられます。3つの資料とは、明治末期から大正初期に東京音楽学校学友会の発行誌『音楽』に掲載された島崎赤太郎による論考「和声学通解」、大正9（1920）年に田中敬一がまとめた『和声学教授書』、昭和4（1929）年に大阪開成館から発行された乙骨三郎翻訳の『和声学教科書』です。

　さらに、昭和初期の学生が使用していたことが確認できた資料として、ザ

27　『大正二年　卒業及学年成績』所収。

ロモン・ヤーダースゾーン（1831-1902）の著書『例題の鍵──ヤーダソーン著和声学教科書』（島崎赤太郎案、共益商社書店編集部編、共益商社書店、1930年）や、シュテファン・クレール（1864-1924）の著書『和声学』（片山頴太郎訳、高井楽器店、日本楽器会社出版部、1932年）もあります。

　上記のように、和声学の教育が始められた当初は欧米の著書・訳書が使用されており、エメリーが書いた英語のテキストからリヒター、ヤーダースゾーン、クレール等によるドイツの和声学書へと参考文献が変わっていくことになります。

❸3　機能和声の指導が本格的に開始された昭和初期

　近代日本の音楽教育機関における和声教育について歴史的変遷を確認してきましたが、現代の音楽専門教育でも和声学が重要な科目となっていることは周知の通りです。本書をご覧の皆様は、「機能和声」という用語をすでにご存じかもしれません。あるいは和声関連の書籍を手にとったことがあるかたは、T（Tonic）、D（Dominant）、S（Subdominant）という記号もおなじみでしょう。

　では、今日よく用いられるTDS記号を使用した機能和声教育は、いつから日本で実施されたのでしょうか。実は明治・大正期にはTDS記号がほぼ見られません。その教育は昭和初期、1930年代から本格化したと考えられます。昭和6（1931）年に東京音楽学校本科に作曲部が新設されますが、機能和声教育はその頃から定着していったとみられるのです。

　そこで、東京音楽学校における作曲教育の状況を概観しておきたいと思います。当時はどのような教員が指導し、学生はそれをどのように受容したのでしょうか。

　「水のいのち」や「心の四季」の作曲者として知られる髙田三郎（1913-2000）は、「片山頴太郎教授によるシュテファン・クレールの和声学（二元論）」と「帰朝直後の細川碧教授によるウィーン仕込みの和声」、そしてプリングスハイムから教わった「独特の考察と分析と整頓による」機能和声が相俟って、音楽における和声の働きを学んだと述べています（髙田 1988、191

頁）。髙田は東京音楽学校本科作曲部の第4期卒業生です。ここで片山穎太郎（1894-1975）、細川　碧（1906-1953）、クラウス・プリングスハイム（1883-1972）、3人の先生の名前が登場しましたので順番にご紹介していきます。

　まずは片山穎太郎。片山は大正10（1921）年に東京音楽学校研究科を修了し、7年後には同校教員となりました。東京音楽学校で自身の訳したクレールのテキストを用い、フーゴー・リーマン（1849-1919）の「二元的和声論」を教えていたようです（仲辻 2019、38 頁；☞第3章）。片山の日本音楽史における大きな業績は、音楽書の翻訳や唱歌集の編纂です。クレールの『楽式論』、『和声学』、『音楽通論』や、フランツ・マイアーホッフの『管絃楽器論』などを訳出し[28]、『新訂尋常小学唱歌』（文部省、1932 年）、『新訂高等小学唱歌』（文部省、1935 年）などを編纂しました。

　次は細川碧です。細川は、「どんぐりころころ」で知られる梁田貞（1885-1959）に師事して作曲を学びました。東京音楽学校本科へ入学したのは大正12（1923）年です。声楽部でハンカ・ペツォルト（1862-1937）やマルガレーテ・ネトケ=レーヴェ（1884-1971）に師事しながら信時潔から作曲を学び、研究科では作曲を専攻しました。昭和4（1929）年、東京音楽学校研究科修了と同時に、文部省在外研究員としてオーストリアに留学します。ウィーン国立音楽芸術単科大学では、当時学長を務めていたフローラン・シュミット（1870-1958）の薫陶を受けました。細川の回想によれば、シュミットに最初に見せた自作曲は、東京音楽学校研究科に在籍していた頃のソナタで、3楽章、約1300 小節から成る演奏時間50 分にも及ぶピアノ曲だったようです。それを見たシュミットが「楽式に就いても、又和声及び対位法に就いても充分である故、個人教授を取る必要がない」と述べ、「オーケストラの各楽器の機能性質等に就いて」教えたといいます（細川 1936、25 頁）。その結果、細川の交響楽詩「法の夕」は、シュミットから「日本のストラヴィンスキー」だと称賛されました（富樫 1956、279 頁）。細川は日本人初のウィーン国立音楽芸術単科大学卒業生となりました。昭和11（1936）

28　『楽式論』、『管絃楽器論』（1925 年）、『音楽通論』（1927 年）は信時潔との共訳で、髙井楽器店から出版された。

年には東京音楽学校の教授に就任し、作曲部の学生を指導した他、個人レッスンでは柴田南雄（1916-1996）や清水脩（1911-1986）などに和声理論や対位法を教授していました。

　作曲専攻生の指導陣の中には外国人教師もいました。クラウス・プリングスハイムです。プリングスハイムは1900年にミュンヘン大学に入学し、音楽理論と作曲をルートヴィヒ・トゥイレ（1861-1907）に、ピアノをベルンハルト・シュターフェンハーゲン（1862-1914）に師事しました。1902年に作曲家デビューし、1906年にグスタフ・マーラー（1860-1911）の弟子となります。その後は指揮者や音楽監督として活躍した他、社会民主党の機関誌『フォーアヴェルツ』の音楽批評を担当していました（☞コラム vol. 6）。来日して東京音楽学校の教員となったのは昭和6（1931）年のことです。6年後には東京音楽学校を去りますが、在職中に学生たちへ与えた影響力は多大でした。

　髙田三郎は、プリングスハイムから「見事な、説得力のある、和声の役割の理解、聴取に大きな力となる方法」を教わり、「ここで示され、教えられた方法は、この教室以外では、全く見ることもきくこともできない内容」だったと述べています（髙田 1996、17頁）。また、「とんぼのめがね」や「平城山」で有名な平井康三郎（1910-2002）がプリングスハイムから教わったのは、「実践的で新しい」理論だったようです。平井は「レッスンのときには、単なる音の効果でなく、理論的な精密さと完璧さを強く言われた」（早崎 1994、178頁）と振り返っています。

　髙田と平井の記述を引用しましたが、彼らの少し後輩に團伊玖磨（1924-2001）がいます。「ぞうさん」や「ラジオ体操第二」の作曲者です。團は、細川の他に下總皖一（1898-1962）や橋本國彦（1904-1949）に師事しました。特に下總からは毎週厳しい指導を受けたようで、レッスンは「恐ろしい程の厳格な教育」で「気の遠くなる程の量の和声、対位法、実作の宿題」があり、「徹夜を続けては全部の解答を書いて持って行った」といいます（團 2002、38頁）。

　下總は「たなばたさま」「野菊」等の作曲者として知られています。大正6（1917）年、東京音楽学校に入学し、師範科で信時潔に師事しました。卒

業後は、師範学校や私立学校で教員を務めた後、昭和9（1934）年に東京音楽学校助教授となり、8年後には教授に就任します。文部省の教科書編集委員としても活動しました。下總はドイツ留学時にパウル・ヒンデミット（1895-1963）にも師事しています。楽式論、対位法、作曲法など、下總が書いた音楽理論書は多くあり、和声法に関する書籍だけでも複数あります。また、『作曲法』（共益商社書店、1938年）のように、音楽教師、演奏家、学生、音楽愛好者等を対象とした著書もあります。さらに、日本音楽の音階論にも下總の明晰な見解が見受けられ、民族音楽学者で音楽理論研究者としても知られる小泉文夫（1927-1983）に、「下總氏の研究は要点をついた正しい方法によっている点でもっとも注目されてよい」（小泉 1958、32頁）と言わしめたほどでした。

　團伊玖磨の先生の一人として名前が挙がった橋本國彦は、芥川也寸志（1925-1989）、黛敏郎（まゆずみ）（1929-1997）、矢代秋雄（1929-1976）なども指導しています。橋本は東京音楽学校本科でヴァイオリンを専攻し、大正13（1924）年には研究科へ進んで器楽・作曲を学びました。昭和9（1934）年、文部省在外研究員としてウィーンに留学し、エゴン・ヴェレス（1885-1974）に師事します。アメリカではアルノルト・シェーンベルク（1874-1951）からも教えを受けました。橋本の作品では、朗唱を取り入れた斬新な歌曲として注目された「舞」や「斑猫（はんみょう）」などが比較的よく知られています。東京音楽学校では作曲指導の他、演奏会で指揮者を務めることも多くあり、学外では新興作曲家連盟に参加したり、ビクターで映画の音楽や歌謡曲を作曲したりと多方面で活躍しました。

　東京音楽学校本科作曲部の草創期を支えた教員として、他に呉泰次郎（ごたいじろう）（1907-1971）という人もいました。呉は日本で初めて本格的なヴァイオリン協奏曲を書いたとされます[29]。昭和14（1939）年に管弦楽曲「主題と変奏」がヴァインガルトナー賞で第1位を獲得し、その後も交響曲や管弦楽作品を意欲的に作曲しました。東京音楽学校では本科でチェロを、研究科では作曲を専攻し、教員となってからは作曲部で後進の指導にあたりました。退職後

29　細川・片山 2008、258頁。

は自身の私塾で教育活動に力を注ぎ、ドイツ・ロマン派の作曲理論を教えて弟子たちに管弦楽作品の作曲を促したようです。昭和12（1937）年から毎年、自費でオーケストラを雇い、日比谷公会堂の発表会で作品を初演できるようにしていたというので驚きます。

　最後にもう一人、これまで何度も名前が挙がっていた信時潔について記しておきます。信時潔は関西出身で、父の吉岡弘毅[30] が大阪北教会の牧師だったため、幼少より讃美歌や西洋音楽に親しんでいたようです。明治38（1905）年に東京音楽学校予科に入学し、その後は本科器楽部でチェロを専攻しました。1年先輩に「赤とんぼ」等で有名な山田耕筰（1886-1965）、2年先輩に「十五夜お月さん」等で知られる本居長世がいます。信時は本科器楽部を卒業して研究科へ進んだ後、ドイツに留学してゲオルク・シューマン（1866-1952）に師事しました。シューマンは、ベルリンの音楽界に大きな影響を及ぼした人物です。大正12（1923）年、信時は東京音楽学校教授となりました。いまなお広く使用されている『全訳コールユーブンゲン』（大阪開成館、1925年）を嚆矢に、先述した片山頴太郎との共訳書を出版しています。昭和38（1963）年に文化功労者として顕彰され、翌年には叙勲、勲三等旭日中綬章を受けました。

　「若き日に、ドイツに留学された先生の作曲法は、当時の音楽学校のほとんどすべての先生がそうであるように、古いドイツのシステムで凝り固まっている」。これは指揮者として著名な山田一雄（1912-1991）による記述です。山田は、「信時先生ただ一人が、『これからの音楽』というものに深い理解を示されていた」と記しています（山田 1992、102頁）。実際に、シェーンベルク等について早い時期から熱心に研究し、楽譜や音楽書を数多く所有していたようで、諸井三郎（1903-1977）も「ドイツへ行く前に、信時さんが、シェーンベルクの譜をたくさんくださった」と述べており、信時は「おそらく日本でシェーンベルクを一番初めに研究した」[31] という記述もあります。

30　吉岡弘毅（1847-1932）。尊皇攘夷を唱え戊辰戦争に参加、明治初期には外務権少丞として日朝間の交渉にあたった。信時潔の兄、愛 が『父を語る・吉岡弘毅伝』（吉岡千代、1940年）を執筆している。潔は、吉岡の教徒であった信時義政の養子となった。

31　CD『諸井三郎とその門下の音楽』（1971年、キングレコード）解説書参照。諸井誠が中島健蔵へあてた手紙によると、信時は「ぼう大な量の（シェーンベルクの）楽譜を大きな木綿の

第 2 章　学校で和声学を教える

　信時潔は、東京音楽学校本科作曲部の新設に関わったとされており、多く
の人々に影響を与えた点でも、自身の深い考察を展開していた点でも注目に
値します。そのため、次節でもう少し詳しく掘り下げることにします。

●4　信時潔の自筆資料にみる指導者・作曲家の問題意識

　信時潔といえば、唱歌や校歌を多く手がけたこと[32]、そして太平洋戦争と
の関連が強い「海ゆかば」や「海道東征」の作曲者であること[33]をご存じの
かたもいらっしゃるかと思います。評伝（新保 2005）も出版されています
が、そこでもやはり戦争との関連や思想的な側面が強調されています。しか
し本章執筆者は、そうした一面的な見方ではなく、作品の音楽分析やその創
作理念などを含めた総体的な理解が必要なのではないかという問題意識を
もって、これまで研究を進めてきました[34]。音楽は、歌詞が時代性を表して
いたり、戦争との連関の中で利用され意味づけられていったりする例が多々
あります。作曲者の考えとは別に、それらが作曲された時勢、演奏される状
況等により、作品そのものや作者に対する評価も時として大きく変化するも
のです。音楽を社会状況と関連づけて理解することは重要ですが、作曲者が
つくり上げた音楽そのものについて深く考察することもまた大切です。

　とりわけ今回ここで確認しておきたいことは、信時の音楽に対する研究が
日本的・伝統的なものと世界的・前衛的なものを包摂している点で、非常に
示唆に富んでおり歴史的にも重要であることです。そこで本節では、信時が
のこした自筆の覚え書きの一部をご紹介します。今回は、本書のテーマに
そって、音楽理論に関連する次の A-C の 3 点について記します。

　　　ふろしきにつつんで」、諸井にそれを持ち帰らせたという（中島 1974、174 頁）。

32　文部省発行の『新訂尋常小学唱歌』に掲載された「一番星みつけた」「ポプラ」などは信時
　　潔の作品。また信時は、慶應義塾塾歌、東京開成中学校校歌、日立製作所や岩波書店の社歌
　　等、全国の団体歌を千曲以上作曲している。

33　「海ゆかば」は太平洋戦争中の日本で毎日のように流れていた曲である。日本放送協会の委
　　嘱を受けて信時が作曲したが、日中戦争開戦後の昭和 12（1937）年に初めて使用されて以
　　降、式典のみならず学校教育やラジオ放送などを通して日本全国に広まった。「海道東征」
　　は、北原白秋が作詞、信時潔が作曲した「交声曲〔カンタータ〕」。神武天皇の即位を描いた
　　もので、昭和 15（1940）年に全曲初演された。

34　信時の資料調査結果や作品分析については、拙論（仲辻 2013、2018 など）に記述がある。

A：「機能」を巡る考察
B：「日本的旋律の和声化」について
C：グローバルな研究視座

　まずAについてです。信時の自筆メモを見てみますと、音楽理論の関連事項として、和声の「機能」について実践的な検討をしたり、旋律と和声との関係性について考察したりしている点が注目に値します。信時が記した文字は解読が困難で、薄い鉛筆書きで走り書きされていたり何かの裏紙に書かれていたりしますし、多くが年代不明である点も悩ましいのですが、臨場感があるので記述内容を見ていると当時に立ち返って一緒に考えることができます。ここから実際に手稿資料を眺めながら内容を確認していきましょう。まずは「機能的和声作法を否定せず」という一節から始まる覚え書きです。

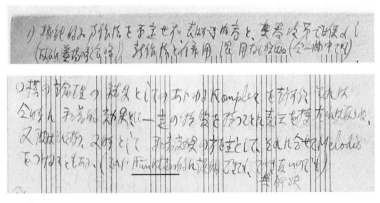

図5[35]　信時潔の覚え書き1「機能的和声作法」に関して（一部）

　「横の論理」、つまり旋律法や対位法の結果として音響の複合体ができ、それが同時に和音的効果も持つことに注意を向けなくてはならない、と信時は記しています。そして時には和音効果が主となり、それに合わせて旋律をつけることもあるものの、それが機能的に説明できるかできないかは問題でないと述べています。ご覧のように（図5最終行の下線を引いた部分）、信時

35　図5-7は、いずれも東京藝術大学附属図書館所蔵資料。

は"Funktion"というドイツ語表記を用いています。このメモ書きの裏には「1936年」と記載があるので、こちらの覚え書きもその頃に記された可能性があると思われます。信時たちに相談したとして山本直忠（1904-1965）が機能和声について記述するのが昭和7（1932）年のこと[36]で、同年に兼常清佐（1885-1957）も自身の著述で「フンクチオン」について記しています（☞第3章）。つまり、日本の機能和声理論を歴史的に振り返るとき、昭和初期・1930年代は重要な時期であると考えられます。

次に、Bの「日本的旋律の和声化」について確認します。信時の覚え書きの中でも興味深いトピックスの一つです。

図6　信時潔の覚え書き2「日本的旋律の和声化に就て」より（一部）

図6の上部には「日本的旋律の和声化に就て、（茲に取扱ふ旋律の和声化とは、旋律に内蔵する和声機能を発見して表現の面に出すに過ぎざるなり）」と記されています。「日本的旋律」あるいはその和声づけについて問題意識を抱いていた作曲家は多くいましたが、当時の時代状況に鑑みると信時の思索は新規性と独自性を持っていたように思われます。まず、この和声化が「機能」と結びつけられており、実際に譜例でもTDS記号を用いながら考えていることがわかります。先にも記しましたように、西洋音楽の和声を「機能」あるいは「TDS」と結びつけて考察することは、当時の日本音楽界では新しい試みでした。さらに信時は、この譜例の中で「二元論」や「下向構成」といった用語も使用しています。信時は、リーマンの記述も参照して

36　山本1932、36頁。

いました。

　自筆メモには「リーマン説と差」といった記述が散見される他、Dur、moll、陽旋、陰旋、律旋というように、西洋の音階と日本の音階を並べて検討している様子もうかがわれます。また、日本の音階を教会旋法とあわせて考察している点も、異なる音楽の体系や理論の親和性を検討するうえで重要です。

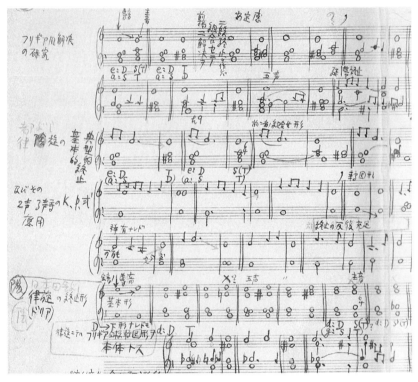

図7　信時潔の覚え書き3「日本的旋律の和声化の基本形とその応用例」より（一部）

　このように信時は、日本の伝統的な音階である田舎節、陽旋、陰旋、律旋と、教会旋法であるフリギア、ドリアを総合的に考察しています。図7では終止形における和声の解決がテーマとなっており、「陽」の上にバツ印が記され赤字で「陰」の文字が書き加えられていたり、「律旋（ドリア）の終止形」という記入の上に赤字で「日本田舎ぶし」と記載されていたりと、思索

し模索しながら考察を深めている様子がうかがわれます。

西洋の音階と日本の伝統的な音階の融合に関しては、「天の岩戸」や「いろはうた」など信時の実際の作品にも反映されているので、理論と実践とが連動している点においてとりわけ重要であると考えられます。また雅楽、特に笙の音の重なりを研究している点は、後の松本民之助（1914-2004）の日本旋法論につながっていく部分でもあります。

図7のメモ書きの欄外には「雅楽（笙）風、Hindemith 式、Bartok 式、Debussy 式、Stravinsky 式、西洋寺院調和声、Bali、シヤム、ジヤワ（印度系）和声も別考スベシ」とも記されています。終止法についても、雅楽の他、東洋の音楽、12音音楽、バルトーク・ベーラやシェーンベルクといった当時の最新の音楽を思考の中で併存させるかたちで考察を深めようとしていた点が見受けられ、グローバルな研究視座を持っていたという意味でも重要です。

信時の自筆資料では、日本、西洋、東洋の音楽を巡る包括的思考実験が試みられています。その中で、西洋音楽の受容を軸にしたときにも、西洋から日本への一方向の受容だけでなく日本から西洋に向かう反対のベクトルにも留意する必要性に気づかされます。信時の壮大な音楽探究の眼差しは、もはや「官学」とか「在野」とか、「ドイツ流」とか「フランス流」とか、そういった二項対立を遙かに超越しています。今回は出版物から信時の言説を引用しませんでしたが、信時がグローバルな視点をもっていたこと、民謡や民族的な音楽の研究の先にグローバルな世界を見据えていたことは、信時の著述にも散見されます[37]。また、本節でも確認したように、信時の考察のフィールドでは音楽教育や作曲家・作品研究といった従来の研究領域が顕著に横断または融合しており、信時自身もまたそれらの交差点上に位置づけられる一人であるという見方ができます。

何より、信時の自筆資料は、西洋音楽理論に向きあおうとする日本人に対し、伝統的な音楽を継承しつつ新たな音楽文化を創造するために何が必要

---

37 例えば、信時は戦後日本における民謡の再評価、国民性強調の動向を受けて、「それは充分意義のあることであるが、一面時代に逆う生活感情への停滞偏執の危険を蔵しており、民族主義の行き過ぎは往々音楽の普遍性をさまたげ、その国際性を弱めることもあるのを忘れてはならない」と述べている（信時 1965、3頁）。

か、という切実な問いを投げかけているように思われます。それを丁寧に受け取り、アクチュアルに再検討してみることは、近代日本音楽史を掘り起こすだけでなく、これから後の音楽実践に向けて大きな可能性を探究することに繋がるのではないでしょうか。

❧ おわりに

　本章ではまず、明治期から昭和初期の音楽取調掛・東京音楽学校における音楽理論の教育状況を鳥瞰しました。とりわけ、明治 10 年代に音程の確認から始まった和声教育が、大正期には実践的な側面を強めていき、昭和初期には機能和声に基づく緻密な理解もなされるに至った潮流を見出すことができました。当時の教員たちの音楽歴や学生たちの記述をあわせてみると、人的交流を通して相互に思想や経験が折り重なりゆく重層的な音楽教育史の形成も感じられます。

　西洋音楽理論を日本人としてどのように昇華し得るのかという課題について、本章では信時を例に記しました。大局的にみれば、それは日本人が西洋音楽を内面化しアイデンティティを形成してきたプロセスとみなせます。もちろん、「日本人」という国民性を持ちだしてきて本質主義的な議論をすることについては、慎重な検討が必要です。なぜならそこには、一枚岩のようなものではなく個別のケーススタディを蓄積することで見えてくる展望があるからです。

　近代日本における音楽理論の「受容」については、音楽史研究における単なる「事始め」の探索ではなく、それが実際にどのように享受され変化してきたのか、そしてそれがどのように意味づけられるのかという点が重要となる普遍的な研究課題です。本章で「受容」という用語を何度も使用してきましたが、「受容」についてあらためてよく考えてみると、その方向性や段階に関する個別具体的な検討も必要であるように思われます。この問題意識は、第 3 章でさらに展開されることになります。

引用文献

エメリー、スチーフェン 1896『和声学初歩　完』神津仙〔専〕三郎（訳講）、東京：普及舎。

石原重雄 1896「和声学講義」『音楽雑誌』第 59 号、10-12 頁。

大阪音楽大学 70 年史編集委員会（編）1988『大阪音楽大学 70 年史——楽のまなびや』大阪：大阪音楽大学。

小野亮祐 2012「ライプツィヒ時代の嶋崎赤太郎——ライプツィヒ時代に残された史料を中心に」『広島大学大学院教育学研究科音楽文化教育学研究紀要』第 24 号、39-45 頁。

音楽取調掛（編）1884『音楽取調成績申報書』東京：文部省。

小泉文夫 1958『日本伝統音楽の研究』東京：音楽之友社。

新保祐司 2005『信時潔』東京：構想社。

高田三郎 1988『くいなは飛ばずに——随想集』東京：音楽之友社。

——1996『来し方——回想の記』東京：音楽之友社。

團伊玖磨 2002『青空の音を聞いた——團伊玖磨自伝』東京：日本経済新聞社。

塚原康子 1993『十九世紀の日本における西洋音楽の受容』東京：多賀出版。

東京音楽大学創立百周年記念誌刊行委員会（編）2007『音楽教育の礎——鈴木米次郎と東洋音楽学校』武石みどり（監修）、東京：春秋社。

東京芸術大学音楽取調掛研究班（編）1976『音楽教育成立への軌跡——音楽取調掛資料研究』東京：音楽之友社。

東京芸術大学百年史編集委員会（編）1987『東京芸術大学百年史——東京音楽学校篇』第 1 巻、東京：音楽之友社。

——2003『東京芸術大学百年史——東京音楽学校篇』第 2 巻、東京：音楽之友社。

富樫康 1956『日本の作曲家』東京：音楽之友社。

中島健蔵 1974『証言・現代音楽の歩み——音楽とわたくし』東京：講談社。

仲辻真帆 2013『信時潔の声楽作品研究——自筆譜・著述からみた創作理念の再考』東京藝術大学修士学位論文。

——2018『1930 年代の東京音楽学校における作曲教育と『歌曲』創作——近代日本音楽史観の再構築にむけて』東京藝術大学博士学位論文。

——2019「1930 年代前半の東京音楽学校における作曲教育——学校資料と初期卒業生の資料にみる本科作曲部の様相」『音楽学』第 65 巻 1 号、32-49 頁。

——2023「近代日本における音楽理論教育と和声理論書出版の歴史的展開——東京音楽学校の和声教育を軸として」『東京藝術大学音楽学部紀要』第 48 集、49-65 頁。

中村理平 1993『洋楽導入者の軌跡——日本近代洋楽史序説』東京：刀水書房。

信時潔 1965「望ましい音楽」『心』第 18 巻 3 号、2-3 頁。

畑中良輔 2004『音楽青年誕生物語——繰り返せない旅だから 2』東京：音楽之友社。

早崎えりな 1994『ベルリン・東京物語——音楽家クラウス・プリングスハイム』東京：音楽之友社。

平高典子 2018「作曲家としての幸田延」『芸術研究——玉川大学芸術学部研究紀要』第 9 号、1-14 頁。

藤原義久 1982「和声学事始——メーソンの和声学教育に関する新資料紹介」『哲学会誌』第 7 号、1-14 頁。

細川周平・片山杜秀（監修）2008『日本の作曲家——近現代音楽人名事典』東京：日外ア
　　ソシエーツ。

細川碧 1936「滞欧雑記（承前）」『同声会報』第 224 号、24-28 頁。

森田信一・松本清 2008「日本における和声理論教育の歴史」『音楽教育史研究』第 11 号、
　　77-86 頁。

山田一雄 1992『一音百態』東京：音楽之友社。

山本直忠 1932「和声学研究（三）——附 和声学史（第三期）」『音楽研究』第 4 号、27-39
　　頁。

＊本研究はサントリー文化財団および JSPS 科研費 JP24K15923 の助成を受けたものです。

コラム vol. 2

田中正平の音律理論

篠原盛慶

はじめに

　西洋音楽理論が前提とする12平均律の基軸にある純正律——整数比によって表される音程から構成される音律——の研究において我が国を牽引した人物に、物理学者の田中正平（1862-1945）がいます。

　明治17（1884）年、田中は、文部省官費留学生としてベルリン大学に派遣され、以後、物理学者ヘルマン・フォン・ヘルムホルツ（1821-1894）の指導の下で、主に音響学の研究に励みました。明治22（1889）年、田中は、エンハルモニウムの名で知られる、全ての調の楽曲において純正律に極めて近い響きで演奏できる画期的なリードオルガン（図1）を開発しました。また、翌明治23（1890）年には、この開発に関連した博士論文「純正律の領域の研究」をドイツ語で発表しました。

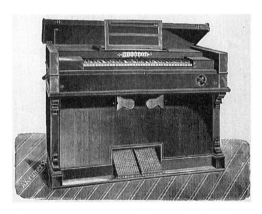

図1　エンハルモニウム（Tanaka 1892、表紙）

　本コラムでは、この論文で論じられた、エンハルモニウムに施された調律の基盤にある音律、一言で言い表すならば、音の基準について、田中の理論

を解説します。

　ここで、この解説にあたって、音程相互の関係性を体系的に分かりやすい形で示す際に用いられる、ラティスと呼ばれる格子図について、後述の図2を例に説明しておきます。

　図2は、純正5度（3:2）と純正長3度（5:4）からなる純正律の一部の領域を示したラティスを本コラム執筆者が再現したものです。図2では、純正5度の連続が水平方向に、純正長3度の連続が対角線方向に示されています。例えば、ド⁰の純正5度上はソ⁰であり、さらにその純正5度上はレ⁰です（図2ではド⁰とソ⁰とレ⁰を点線四角で囲って示しました）。また、ド⁰の純正長3度上はミ⁻¹であり、さらにその純正長3度上はソ♯⁻²です（図2ではミ⁻¹とソ♯⁻²も点線四角で囲って示しました）。そして、ソ⁰の純正長3度上はシ⁻¹であり、ミ⁻¹の純正5度上もシ⁻¹です。

　本コラムで用いる表記法では、♯と♭が、それぞれ、アポトメ（2187:2048）と呼ばれる音程（半音が100に分割されるセント値を用いて示すと、約113.69セント）の増加と減少を表します。例えば、ド♯⁻¹はド⁻¹よりもその音程1つ分高く、ド♭⁺¹はド⁺¹よりもその音程1つ分低いです。また、マイナスとプラスの指数が、それぞれ、ピュタゴラス音列（0の指数を持つ音列）を基準とした、シントニック・コンマ（81:80）と呼ばれる音程（約21.51セント）の減少と増加を表します。例えば、－1の指数を持つ音列（例：……シ♭⁻¹－ファ⁻¹－ド⁻¹－ソ⁻¹－レ⁻¹……）はピュタゴラス音列（例：……シ♭⁰－ファ⁰－ド⁰－ソ⁰－レ⁰……）よりもコンマ1つ分低く、＋1の指数を持つ音列（例：……シ♭⁺¹－ファ⁺¹－ド⁺¹－ソ⁺¹－レ⁺¹……）はピュタゴラス音列よりもコンマ1つ分高いです。

図2　純正5度と純正長3度からなる純正律の一部の領域を示したラティス

53 純正律と 53 平均律

　本節では、エンハルモニウムに施された調律の基盤にある田中の音律理論、具体的には、無限に広がる純正音程の代用物としての 53 個の純正音程と、この 53 純正律の代替物としての 53 平均律を解説します。なお、この田中の音律理論は、西洋の和声理論の基礎にある、純正 5 度と純正長 3 度からなる純正律に基づくものです。

　理論上、純正 5 度と純正長 3 度は限りなく積み上げていくことができます。無限に広がる純正音程において、聴覚上の識別ができないスキスマ（32805:32768）と呼ばれる音程（約 1.95 セント）と、その識別が容易ではないクライスマ（15625:15552）と呼ばれる音程（約 8.11 セント）があります[1]。図 2 において、前者はミ♭♭$^{+2}$ とレ$^{+1}$ の間の音程などであり、後者はミ♭♭$^{+2}$ とレ♯$^{-4}$ の間の音程などです。なお、図 2 では、ミ♭♭$^{+2}$ とレ$^{+1}$ とレ♯$^{-4}$ を網掛けで示しています。

　田中の音律理論、厳密には純正律理論では、スキスマの関係にある音を同音とみなすスキスマ等価性とクライスマの関係にある音を同音とみなすクライスマ等価性が考慮されます。その結果、無限に広がる純正音程は 54 個に減少されます。また、この 54 個の純正音程において約 6.15 セントの微小な音程関係にあるシ♭$^{+2}$ とシ$^{-3}$（図 2 では四角で囲って示しました）も同音とみなされ、ここではシ$^{-3}$ が除かれます。こうして、無限に広がる純正音程は最終的に 53 個へと減少されます。田中の純正律理論では、この 53 個の純正音程が、無限に広がる純正音程の代用物として捉えられます[2]。

　ここで重要なこととして、この 53 個の純正音程は、均質な音程へと変換、すなわち、平均律化されたとしても、本来の純正音程に極僅かな誤差で近似するということです[3]。実際、この 53 個の純正音程からなる 53 純正律と 53 平均律の誤差は、最小では約 0.07 セントであり、最大でも約 4.29 セントです。つまり、前述したこの 53 個の純正音程を導き出す方法は、無

1　Tanaka 1890, 8-10.
2　Ibid.
3　Ibid., 17-18.

限に広がる純正音程から、その53個の純正音程にうまく近似する均質な音程を導き出す方法でもあります。

　田中の音律理論、厳密には平均律理論では、53平均律を用いることによって「無制限の転調移動」というものが可能となります（Tanaka 1892, 5-6）。補足すると、上述の53純正律による音階と同等の音階の「無制限の転調」が可能となります（Helmholtz 1885, 328-329）。ここで言う「無制限の転調移動」（「無制限の転調」）は、田中が博士論文のなかで論じた理論上の概念である「極端な転調」に相当すると解釈でき（Tanaka 1890, 12-13）、この「転調」は、音楽的な文脈においては、移行と言い表されるのが適切なものです。

　図3は、田中の博士論文に掲載された「極端な転調」の概念図とも言えるラティス（Ibid., 13）を本コラム執筆者が再現したものです。図3では、上述の53純正律を区切った中心の平行四辺形と同じように、無限に広がる純正音程が区分けされており、これらの区分けされた平行四辺形はスキスマ（図3ではSと記しました）あるいはクライスマ（図3ではKと記しました）によって関係づけられています。例えば、中心の平行四辺形の右下に位置する平行四辺形には「－K＋S」と記されており、これは、この平行四辺形が中心の平行四辺形から1つのクライスマ低い位置かつ1つのスキスマ高い位置にあることを示しています[4]。

　田中は、無限に広がる純正音程が全て使用可能な場合、中心の平行四辺形内に見られる53純正律を1つ以上のスキスマあるいはクライスマの単位で

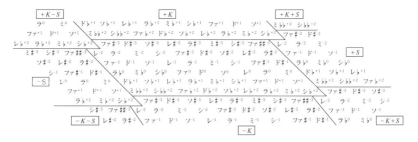

図3　53純正律を区切った平行四辺形と無限に広がる純正音程

4　Ibid., 12.

他の平行四辺形内へと移行できる——中心の平行四辺形とその他の全ての平行四辺形は相対的に同一な音程配列を持っているため移行できる——ことを指摘しています。そして、この種の移行を「極端な転調」と表現しています。

　53平均律による「無制限の転調」は、こうした無限に広がる純正音程の全てを必要とする「極端な転調」と同等の効果をもたらします。なぜなら、53平均律は、上述の53純正律と同等の協和性を有しており、さらに、スキスマ等価性とクライスマ等価性の考慮を必要としない音律、具体的には、純正音程をわずかに調整することで、スキスマとクライスマを解消（temper out）した音律だからです。このように、田中の平均律理論では、53平均律が、その53純正律の代替物として捉えられます。

　田中のドイツ語の博士論文は、彼に教えを受けた音楽学者の田辺尚雄（1883-1984）の著書『音楽原論I』（1933年、東京：春秋社）を初めとして、その梗概が日本語で紹介されていきました。また、ここ数十年では、その論文の理論的に主要な部分が英訳され、非12平均律音楽を専門とする学術誌に掲載されるなど（Tanaka 1995）、英語でも同様の紹介がなされており、田中は、エンハルモニウムの開発者としてだけでなく、53平均律の理論的特性を説いた音楽理論家としても世界的に知られるようになっています。

おわりに

　明治32（1899）年に帰国した田中は、純正律の研究を一時中断させ、邦楽の研究に長年にわたって取り組みました。昭和5（1930）年、田中は、純正律の研究を再開させ、昭和7（1932）年には、エンハルモニウムの構造を一部改良したリードオルガンを開発しました。そして、これらの楽器を活用しながら、純正7度（7:4）を取り込んだ純正律に基づく独自の日本の和声理論を構築していき、主著『日本和声の基礎』（1940年、東京：創元社）を通じて発表しました。田中提案の日本の和声理論は、作曲家の早坂文雄（1914-1955）といった当時の我が国の音楽家から大きな関心を集め、

新たな時代における音楽創作や文化創造のための基礎研究として捉えられました。

引用文献

Helmholtz, Hermann. 1885. *On the Sensations of Tone: As a Physiological Basis for the Theory of Music*. Translated by Alexander J. Ellis. 2nd ed. London: Longmans, Green, and Co.

Tanaka, Shohé. 1890. "Studien im Gebiete der reinen Stimmung," *Vierteljahrsschrift für Musikwissenschaft* 6 (1), 1-90.

—— 1892. *Aufsätze, Gutachten etc. über das Enharmonium von Dr. Shohé Tanaka verfertigt durch Ph. J. Trayser & Cie*. Stuttgart: Harmonium-Fabrik.

—— 1995. "Studien im Gebiet der reinen Stimmung (A translation of pages 8 to 18 by Daniel J. Wolf)," *Xenharmonikon* 16, 118-125.

コラム vol. 3

園山民平の調和楽

三島わかな

はじめに

　明治期の日本では「調和楽」という理念のもと、さまざまな音楽実践が繰りひろげられました。この用語の初出は明治23（1890）年と考えられ、当初、西洋の「和声学」とほぼ同義で使用されていました[1]。その後、邦楽曲をヴァイオリンやピアノなどの洋楽器に置き換えた演奏形態や邦楽器と洋楽器の混成によるアンサンブルなど、いわば日本の伝統音楽に洋楽の要素を採り入れた演奏様式のことを「調和楽」と呼ぶようになり、さらに明治40（1907）年頃には日本的な情緒をそなえた音楽創作のことを意味するようになりました[2]。

　明治期には「和洋調和楽」[3]が文化的ムーブメントとなり、その流れのなかで明治期末に沖縄県師範学校に着任した園山民平（1887-1955）[4]も沖縄の人びとの情緒を発揮した音楽づくりに専念することとなります。ただし沖縄の場合、伝統音楽の状況が日本本土とは異なり「邦楽」はありません。なぜなら、沖縄は近世までは琉球王国として独自の音楽文化を築いていたからです。当時の沖縄の音楽文化は、人びとの暮らしに根づいた祈りの歌をはじめとする民俗芸能から、王国の政治を司った首里王府の外交政策として創作された御冠船芸能[5]まで幅ひろく存在しました。そこで園山が題材[6]とした

　1　三島 2014、197頁。ちなみに「調和楽」の用語は、古矢弘政の一連の記事（古矢 1890 ほか）に確認でき、そこでは「調和学」と表記されている。

　2　三島 2014、198頁。当時、小松玉巌〔耕輔〕は洋楽の考え方と日本の郷土の風趣を取り入れた音楽創造こそ「調和楽」のあるべき姿だと主張した（小松 1908）。その先駆けとして当時、東京音楽学校のお雇い教師だったルドルフ・ディットリヒの『箏曲集』（1888年）などがある。

　3　「調和楽」という用語は、明治期末頃には「和洋調和楽」と呼ばれるようになった。

　4　園山民平は、明治43（1910）年東京音楽学校卒業後、同校研究科・授業補助。同44（1911）年沖縄県師範学校の音楽教諭として1年半勤務し、大正1（1912）年宮崎高等女学校教諭。同11（1922）年満州に渡り、同13（1924）年大連高等音楽学校設立ならびに校長就任。

のは、首里王府に由来する琉球古典音楽[7]でした。そこで本稿では、園山による沖縄音楽の近代化に対して「和洋調和楽」ではなく「琉洋調和楽」[8]とし、彼がめざした近代音楽の姿について、沖縄の伝統音楽にもとづく創作の観点からひもときたいと思います。

1. 園山の創作理念

史上初の沖縄の伝統音楽にもとづく創作は「沖縄民謡くどちヴァリエーション」(図1)でした。

図1 「沖縄民謡くどちヴァリエーション」表紙（園山 1912）

---

5 御冠船芸能は、琉球国時代に演じられた宮廷芸能の総称。国王交代の儀式に承認をかねて中国から来琉した冊封使（明朝ならびに清朝の役人）を歓待する余興芸能として演じられた。首里王府の庇護のもとにみがきあげられた芸能である（沖縄大百科事典刊行事務局 1983、419-420 頁）。
6 ここでいう題材とは、旋律素材の引用をさす。
7 琉球古典音楽の「歌三線(うたさんしん)」と呼ばれる演奏様式では、一人の奏者が三線を演奏しながら歌唱する。
8 園山自身は「和洋調和楽」の用語を使っているが、沖縄時代の園山が琉球古典音楽を題材とした点で、筆者は「琉洋調和楽」と造語した（三島 2014）。

ピアノ独奏によるこの曲は、明治 44（1911）年 4 月に開催された「沖縄音楽会」設立コンサートのためのもので、作曲者である園山が初演にあたりました。その出版譜の広告では国民の心情を意味する「民情」や「民謡楽」が唱われ、日本人の感性や心情をいかにして近代音楽に盛り込むかが問われていました。

　　日本の地方民謡にも其の雅致捨て難きものが多い。沖縄民謡『くどち』は即ち其の最たるものである。青年楽家園山民平氏同地民情に就て研究せらるること二カ年、本曲は其の努力より生れたるものの一である。〔中略〕『くどち』はもう沖縄のみのものではない。日本の民謡楽を代表すべき名曲である。（無記名 1912）

　「沖縄民謡くどちヴァリエーション」創作以前の園山は、音楽雑誌で持論を繰りひろげています。園山の創作観をもっともうかがい知ることのできる論考に「グリーグの音楽」（園山 1910）があります。園山は「グリーグ・スタイル」（前掲書、13 頁）と称して、ノルウェーの作曲家エドヴァルド・グリーグ（1843-1907）に傾倒し、その特色を次のように述べています。

　　其の深き国民性の表現と、卓越せる個人性の発揮とを、認むるであろう。〔中略〕グリーグのメロデーが近代作曲家の特筆たる、峻刻にして、而も熱烈なるは、等しく古代に於ける寺院音楽——近代音楽には弛廃したれども、猶欧州各地方に民謡として残存する——の様式を模倣せしによるのである。（前掲書、10 頁）

　グリーグの音楽にそなわる「国民性と個性の融合」について、園山はその土地の民謡にそなわる様式を模倣することによって成功させていると考え、次のように続けます。

　　グリーグは、実に、近代に於ける和声楽の最たるものと、言うべく、殊に、彼の附せし、北欧民謡の、和声の美は、眞に全楽界を、震撼せしめ

たものであつた。彼の和声は、ワグ子ル、リスト、ショッパン、フランク、と等しく、最も新傾向を帯びしもので、而も、主として半音階の上に、建設せられて居る。(前掲書、12頁)

さらに園山は、この論考の後半で実際にグリーグの作品分析をはかり、その音楽的特色として次の4点を指摘しています。すなわち、①第7音をあえて主音解決させず、第5音へ進行させる、②増4度が多用されている、③旋律には全音階的和声を用いながら、伴奏には半音階的和声を用いている、④ジプシー音楽の特徴である増2度が多用されていることです。

以上をまとめると、近代的音楽創作において園山が重視した態度は、「民謡」の特性を把握したうえで、調性音楽の和声法の原理原則にとらわれずにそれぞれの民謡の特性を抽出し、そこに作曲家の個性を発揮する点にあったと言えます。

2. 「沖縄民謡くどちヴァリエーション」の和声的特色

園山は「グリーグの音楽」を投稿した翌年に、冒頭で触れた「沖縄民謡くどちヴァリエーション」を作曲しました。原曲は琉球古典音楽「上り口説」であり、その歌唱旋律を主題とするこの作品は主題の提示部[9]と9つの性格変奏[10]で構成されています。園山はその創作にあたり、民謡と和声の融合にかかわるグリーグの考え方をどのように援用したのでしょうか。ここでは、その特色を整理してみます。

まず、各変奏において異なる書法(線的、対位法的、重音的、和声的)が採られています。和声面では次の3種類、すなわち①和声づけを完全に回避した楽曲(図2は「第7変奏」の一部;園山 1912、8頁)、②和声づけしても機能和声の通例の進行をあえて逸脱する楽曲(V→IV度、V→II度、II→I度、図3「第4変奏」の四角で囲った部分;前掲書、4頁)、③和声法

---

9 「提示部」とは、楽曲のなかでこれから変奏されるテーマ(主題)を提示する冒頭部のこと。

10 「性格変奏」とは、テーマ(主題)の旋律を変奏する際に、小節数や和声構造などの点で提示部のスタイルにとらわれることなく、自由に変奏させていくスタイルをさす。一方で、小節数や和声構造などの点で提示部のスタイルに則った変奏を「厳格変奏」と呼ぶ。

を遵守して和声的段落感を発揮した楽曲（図４は「第１変奏」の一部；前掲書、２頁）、のいずれかが採用されています。グリーグの音楽を特徴づける増４度や増２度進行は確認できませんが、そのことはおそらくグリーグの考える民情と園山のそれとの違いにあると考えられます。言い換えると増４度や増２度進行は、律音階からなる原曲の「上り口説」の特性に見合わないと園山は考えたのでしょう。

図２　和声づけ回避

図３　機能和声の通例の進行からの逸脱[11]

図４　和声法の遵守

3. 『教育幼稚園唱歌集』（1911 年）の伴奏書法との比較

「沖縄民謡くどちヴァリエーション」に頻出した通例の機能和声法から逸れる進行（Ⅴ→Ⅳ度、Ⅴ→Ⅱ度）は、『教育幼稚園唱歌集』所収曲にも確認されます。ちなみに『教育幼稚園唱歌集』は、園山が沖縄に赴任する直前の東京時代にまとめられたものです。同書収録曲の「虹」はハ長調で書かれ、第４小節においてニ長調のⅤ度和音（イ・嬰ハ・ホ）からⅡ度和音（ホ・

11　この箇所はハ長調の属和音（Ⅴ度）から下属和音（Ⅳ度）へと進行し、機能和声法の通例からは逸れている。

ト・ロ）へと進行します（図5；園山 1911、61 頁）。同書所収「紀元節」では、三和音を用いず、主旋律をなぞるように音が重ねられています（図6；前掲書、111 頁）。同様に「天長節」の楽曲では、ピアノ右パートで主旋律線の重音化が、そしてピアノ左パートでは対旋律化がはかられています（図7；前掲書、113 頁）。

図5 「虹」（冒頭）

図6 「紀元節」（冒頭）

図7 「天長節」（冒頭）

　その理由について園山は、「本邦固有の民謡的旋律を加味し」「本書の伴奏は極めて児童的に且つ邦人が最も興味を起し易く作曲せり此点よりして多少

作曲上の法則を蹂躙したる感なき能わず」(前掲書、緒言) と述べています。創作曲ごとの性質や違いを重視した園山は、日本の民謡的旋律にもとづく楽曲の場合には和声法の法則から意識的に離れて、日本人の感性や日本の民謡の特性を活かすよう心がけていたことが、この言葉からもうかがえます。

おわりに

このように園山は和声法を基礎としながらも、ある意味で枷でもあった和声法を乗り越えようと模索したのでした。いかに西洋音楽の語法に縛られずに、日本の、いや沖縄の音楽性を活かした新たな和声法を創出するのかが、明治期末の園山が考えた沖縄音楽の近代化だったのです。

引用文献

沖縄大百科事典刊行事務局 (編) 1983『沖縄大百科事典』上巻、那覇:沖縄タイムス社。
小松玉巌〔耕輔〕1908「和洋調和楽の意義と其価値」『音楽界』第 1 巻 4 号、7-10 頁。
園山民平 1910「グリーグの音楽」『音楽界』第 3 巻第 2 号、10-13 頁。
── 1911『教育幼稚園唱歌集』大阪:大阪開成館。
── 1912『沖縄民謡くどちヴァリエーション』東京:大道社。
古矢弘政 1890「調和学」『音楽雑誌』第 1 号、8-10 頁。
三島わかな 2014『近代沖縄の洋楽受容──伝統・創作・アイデンティティ』東京:森話社。
無記名 1912「広告」『音楽界』第 5 巻第 9 号。〔ページ数の記載なし〕

---第3章---

日独で相互に受容する
——フーゴー・リーマン周辺を例に——

西田紘子

● はじめに

　第1章と第2章では、西洋の音楽理論が日本にどのように受容されてきた
かを読んできました。しかし、受容は、必ずしも西洋から日本へという一方
向に行われるものではありません。西洋の国々でも、日本のさまざまな思想
や文化が紹介され、人々に影響を及ぼしてきました。そこで第3章では、
「相互受容」という切り口から、西洋の人々が日本の音楽をどのように聴
き、どのように理論化したのかにも目を配ります。相互受容の具体的な事例
として、フーゴー・リーマン（1849-1919）というドイツの音楽著述家の和
声理論を軸に、日本とドイツの音楽理論をめぐる相互受容をとり上げます。

　リーマンは、19世紀末から20世紀初め、日本でいうと明治期から大正期
にかけて、ドイツのライプツィヒを中心に活動しました。当時は「音楽学」
と呼ばれる学問分野の黎明期にあたり、リーマンはその立役者として1908
（明治41）年にライプツィヒ大学に音楽学研究所を設立しました[1]。心理学
や生理学、歴史学など音楽に関連する分野の動向をふんだんに吸収しつつ、
音楽史や音楽理論、演奏論などの書物を分野横断的に残した人物です。
　そのキャリアのうち、もっともよく知られているのが、「機能和声」理論
の体系化といえるでしょう。機能和声は、調性音楽を対象とした和声理論[2]
のひとつです。「機能」とは、リーマンが1893（明治26）年に出版した『和
声論簡易版』で提示した用語です。ドイツ語でFunktion（複数形Funk-

1　リーマンと音楽学の関係については、西田・小寺（2023）の第1章を参照されたい。
2　本章では和声に関する理論を「和声理論」と呼ぶが、日本では「和声学」と呼ばれることも
　多いため、日本における文脈では適宜「和声学」の語を用いる。

tionen)、英語では function(s) といい、具体的には、ハ長調などの調におけるトニック、ドミナント、サブドミナントの和音を指します。

　ただし、現在に至るまで、ある調においてどの和音をトニック、ドミナント、サブドミナントに分類するかは、時代や論者によって少しずつ異なります。そのため、ここではリーマン本人のとらえ方を、ハ長調の場合を例に図1で確認します。T がトニック（Tonic）、D がドミナント（Dominant）、S がサブドミナント（Subdominant）を略記したものです。S の左についている 0 は短三和音を表す記号で、これが付記されていない和音は長三和音を指します。

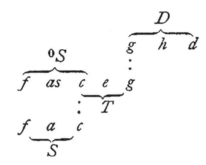

　図1　リーマンによるハ長調における3つの機能 T、D、S（Riemann 1893, 8）

音名がドイツ語で書かれていてわかりにくいので、図2のとおり五線譜に書き起こしてみます。

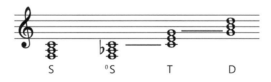

　図2　ハ長調における3つの機能 T、D、S

リーマンによれば、ハ長調では、ハ・ホ・ト（c・e・g）がトニック、ト・ロ・ニ（g・h・d）がドミナント、ヘ・イ・ハ（f・a・d）およびヘ・変イ・ハ（f・as・c）がサブドミナントとなります。

図1のように、トニック、ドミナント、サブドミナントの3つの機能は、よくT、D、Sと記号化されます。その上でT−D−T、T−S−D−Tなどと和音の関係や進行を把握します。このようなシステムは、今日一般に「機能和声」理論と呼ばれており、クラシック音楽に限らず、ポピュラー音楽のコード進行を解釈する基盤にもなっています。

　ただし、トニック、ドミナント、サブドミナントという語自体は、西洋ではフランスの音楽理論家ジャン＝フィリップ・ラモー（1683-1764）以降、広まっていましたし、いま一般によく用いられるI度、IV度、V度などのローマ数字による和声表記も、リーマンより一世代前の理論家が提唱したものです。さらに、リーマン自身も、音楽理論家モーリッツ・ハウプトマン（1792-1868）、物理学者で生理学者のヘルマン・フォン・ヘルムホルツ（1821-1894）、物理学者アルトゥール・フォン・エッティンゲン（1836-1920）といった先達の学説を吸収しながら、理論の内容を変化させています[3]。和声理論の歴史や受容をひもとく際には、こうした複雑な文脈を念頭に置く必要があります。

　本章では、まず第1節で、冒頭で述べた「日独の相互受容」という視座から、日本の音楽がドイツの和声理論にどう受け取られたかに着目します。じつはリーマンは、1902（明治35）年にライプツィヒで、日本人が演奏する日本の音楽を耳にしています。おりしも当時は、非西欧圏の民族の音楽を対象とする比較音楽学（現在の民族音楽学の前身）が提唱された時期であり[4]、リーマンは、西洋の音楽だけでなく、それ以外の地域の音楽の理論化も試みました[5]。日本の音楽はそこでどのようにとらえられたのでしょうか。第2節では、反対に日本でリーマンの和声理論がどのように受容されたのかを探る出発点として、リーマンの名と和声理論に言及した初期の事例にまでさかのぼります。その時期は昭和初期（1930年代）です。この時期の音楽雑誌を調査すると、リーマンの和声理論を詳しく紹介している記事がみつかります。

3　西田・安川（2019）の第2章や第4章を参照されたい。
4　西田・小寺（2023）の総説を参照されたい。
5　Riemann（1916）など。

第3章　日独で相互に受容する

🎵 1　リーマンは日本の音楽にどのような和声をつけたのか

　リーマンは日本を訪れたことはありませんでしたが、ドイツで日本人に
会ったり、日本人の著した書物や日本の音楽に関するドイツ語の記事を読ん
だりしていました[6]。なかでも知られているのが、1902（明治35）年3月16
日に、ライプツィヒのグラッシー民族学博物館で「日本の音楽について」と
題して行った講演です[7]。

　講演では、日本の音楽に関する研究や編曲が紹介され[8]、その音階や和声
をめぐって独自の理論が講釈されました。また、ベルリンに留学し、ヨーゼ
フ・ヨアヒムにヴァイオリンを師事していた幸田幸（幸田露伴、幸田延の
妹）が、十三弦箏の演奏を披露しています。ドイツ人やライプツィヒ在住の
日本人が300名ほど聴きに来たようです[9]。ベルリンから出向いた作家の巌
谷小波（1870-1933）は、講演と演奏の様子について次のような感想を残し
ています。

　　然るに気の利かぬリイマン博士。その博識を衒はん為めか、舞楽の曲譜
　　までならべ立て、頻りに音調の解剖を陳べたのはよいが、肝心の其耳
　　には、真の日本の音楽が、まだ一度も触れて居ないので、折角陳べたそ
　　の説が、何れも急所を外づれて居るので、余等には歯痒ゆく、又独逸人
　　等にも、退屈で堪えられなかつたと見えて、約四十分余の講話の末に
　　は、無遠慮な欠伸の声さへ、隅々に聞えた程である。〔中略〕嬢の琴曲
　　が終つてから、更に当地の楽師等は、ピヤノ、若くはバイオリンで、日
　　本の俗曲数番を演奏したが、これも矢張り博士の講話と同じく、只譜ば
　　かりを便つて、何の意気込もなく弾ずるのであるから、余等には只片腹
　　痛くのみあつて、折角美妙な琴の音に、清くされた耳朶を、また汚さ

6　ベルリンのヘルムホルツのもとで学んだ田中正平（1862-1945；☞コラム vol. 2）の研究を
　　リーマンは参照していた（西田 2021）。また、明治35（1902）年からライプツィヒに留学し
　　た作曲家の島崎赤太郎（1874-1933）がリーマンの講義を受けた可能性が指摘されている（小
　　野 2012）。
7　この博物館には、日本政府から寄贈された日本の楽器が展示されていた。
8　土田（2020）や萩谷（2014）でも触れられている。
9　巌谷 1902、29頁。

れた心地がした。(巖谷 1902、30-31 頁)[10]

ここで巖谷は、リーマンの講演は的を射ておらず退屈であったこと、また、幸田幸による箏の演奏はすばらしかったのに対し、当地の楽師たちによる日本の俗曲の演奏は聴き苦しいものだったと書いています。酷評に近い反応ですが、講演はいったいどのような内容だったのでしょうか。講演でリーマンが話した内容は、同年にライプツィヒの音楽雑誌『音楽週刊誌』に掲載されたため、私たちも知ることができます。

巖谷の報告には、幸田の演奏のあと、当地の音楽家もピアノやヴァイオリンで日本の俗曲をいくつか演奏したと書かれています。それらの楽曲の楽譜は、同じ 1902 年に、『6 つの中国・日本オリジナルの曲——ヴァイオリンとピアノ用』というタイトルで出版されました[11]。図 3 がこの楽譜の表紙です。

図 3　リーマン『6 つの中国・日本オリジナルの曲』表紙（Riemann 1902b）

この曲集には "Tao-yin" "Trauer-Marsch (Totenklage)" "Wang ta-niang" "Tsi-Tschong" "Haru no uta" "Kimi to wakarete" の 6 曲が収めら

10　振り仮名は省略した。釘宮（2020）にも同箇所の引用あり。
11　楽譜をスキャンして送ってくださった Breitkopf und Härtel アルヒーフ部門マティアス・オット氏に感謝申し上げる。

れています。このうち"Haru no uta"（春の歌）と"Kimi to wakarete"（君と別れて）が日本の旋律[12]、残りが中国の旋律で、全ての旋律に独自のやり方で和声がつけられています。『音楽週刊誌』に掲載された講演内容とこの出版楽譜をあわせて読むことで、日本や中国の旋律で用いられている音階がどのように理論化され、それにどのような和声がつけられたのかの一端を知ることができます[13]。

　ところで、日本の俗曲である「春の歌」と「君と別れて」の旋律を、リーマンはどこで知ったのでしょうか。それは、明治6（1873）年に発足したドイツ東洋文化研究協会の機関誌においてでした。この機関誌には、さまざまな分野の在日ドイツ人がドイツ語の記事を発表していました（☞第1章）。第1巻3号には、教育学を専門とし、明治4（1871）年から日本で教鞭をとったお雇い外国人ヴィクトール・ホルツ（1846-1919）が、「2つの日本の歌曲」という記事を寄せています。この記事でホルツは、「春の歌」と「君と別れて」の旋律を五線譜に書き起こしています[14]。図4は「春の歌」の五線譜です。

図4　リーマンが参照した「春の歌」の旋律（Holtz 1873-1876, 13）

　ホルツは、これらの楽曲の歌唱について発音や音色がヨーロッパの音楽と異なること、五線譜では音の高さや長さが正確に再現できないことなどを付

12　この2曲は、2023年3月19日に東京藝術大学で開催された学術シンポジウム「20世紀日本と西洋音楽理論」第1部において、松岡あさひのピアノ、松岡多恵のソプラノで再演された。
13　日本の旋律に和声をつける「日本和声」に関する近年の研究をいくつか挙げる。Gelbart & Rehding 2011; Utz 2015; Walden 2019；釘宮 2017, 2018, 2020；土田 2020；寺内 2004, 2013；増田 2012；安川・張 2024。
14　寺内（2004, 2013）もホルツに触れている。

記しています。リーマンは、こうした在日ドイツ人の記事から、当時の日本の音楽に関する情報を得ることができました。これらの旋律につけられた和声はどのようなものだったのでしょうか。

　リーマンの和声づけ（旋律に和声をつけること）において鍵となる理論概念は、「5度関係」と「和声代理」です。まず「5度関係」についてみていきます。5度は音程のことで、たとえばハ音（ドイツ語でc音）の5度上はト音（g音）、5度下はヘ音（f音）です。古代中国の楽曲"Tsi-Tschong"を例に、解説と和声づけを解読しましょう。図5は、和声づけされたこの楽曲の冒頭です。上の段がオリジナルの旋律、その下の大譜表はリーマンがつけたピアノ伴奏です（第1・3小節目の○は本章執筆者による記入）。

図5　リーマンによる"Tsi-Tschong"冒頭（Riemann 1902b, 6）

旋律にはテンポ指定や表情・強弱記号なども加えられており、左上にはこの楽曲で用いられている音が並べられています。ト・イ・ハ・ニ・ホ・ト・イ（ドイツ語ではg・a・c・d・e・g・a）です。この並びをリーマンは、図6

のように二音（d音）を中心音とした5度関係に由来させ、この中心音の二音と、5度下のト音（g音）が、楽曲の静止点（終止音）になっていると説明しました（この曲はト音で終わります）。

図6　リーマンによる五音音階の導出（Riemann 1902a, 246*l*[15]）

この図にはg｜a··c　d　e··g｜aという音名が書かれており、二音（d音）が中心音で、それと5度上のイ音（a音）と5度下のト音（g音）が弧線で結ばれています。また、低いほうのイ音（a）とホ音（e音）、ハ音（c音）とト音（g音）にかかった弧線も、5度関係を表しています。

　重要なのは、この音階が、ト音からみて3度上の音であるロ音（h音）を欠いた五音音階（ト・イ・ハ・ニ・ホ）からなるという点です。3度音を欠いた五音音階が、中国・日本の古来の音楽における重要な特徴であるとリーマンは考えました。その説明を読んでみましょう。

> 私は、ヴァイオリンとピアノ用に編曲された、五音音階のこの旋律やほかの旋律の和声づけでは、無理にでも、もっぱら5度関係を用いて旋律音を解釈しようとした。いちどこの旋律をこのような和声解釈で聴いた者は、結果として、伴奏がなくても似たように聴くことができる。いっぽうで、このような手引きを受けなかった者は、確実に3度関係に入り込んでしまう。ここにはたしかに3度のh音が全くみあたらないものの、e音は、d音の2度ないしa音の5度ではなく、c音の3度としてどうしても理解されやすい。それゆえ、私の和声づけではe音には、d音の転過音（装飾）と理解されないよう、つねにイ長調和音を与えている。この種の音楽の聴き方が今もあることは（少なくとも私には）疑いようがない。（Ibid., 246*l*–246*r*；以下、引用文中の音名はドイツ語）

15　出典のページ数のうしろについた*l*はそのページの左欄を、*r*は右欄を指す。

この引用から「3度のh音が全くみあたらない」こと、リーマンが旋律音を「5度関係を用いて解釈」しようとしたことがわかります。たしかに図6をみると、理論上はホ音（e音）は、5度下のイ音（a音）と線で結ばれています。しかし、リーマンによればホ音は、西洋人の耳には「c音〔ハ音〕の3度〔上の音〕として理解され」かねないというのです。こうした西洋的な解釈を避けるため、旋律のホ音には、つねにイ長調の主和音、つまりイ・嬰ハ・ホ（a・cis・e）の和音があてられています。図5の○で囲んだ和音などをみてください。

　どうしてリーマンは、3度ではなく、5度の関係にこだわって和声づけしたのでしょうか。それは、自分たちの音楽、つまり西洋の音楽は3度関係によって解釈できるのに対して、中国や日本の古来の音楽は3度関係では理解できないと考えていたからです。ここで鍵となるのが、もうひとつの理論概念である「和声代理 Harmonievertretung」です。和声代理とは、旋律を構成する各音は、それぞれ特定の和音を「代理」したものとしてとらえられるという概念です。たとえば旋律にハ音が現れたとき、ハ音は、ハ・ホ・ト（c・e・g）の三和音やヘ・イ・ハ（f・a・c）の三和音を1音で代理していると解釈できます。この概念のおかげで、単旋律の楽曲であっても、その背後にある和音を想像しながら聴くことができるというわけです。

　しかし、旋律の各音がどの和音を代理できるかは、西洋の調性音楽における七音音階（ハ長調であればハ・ニ・ホ・ヘ・ト・イ・ロ）と、雅楽などの日本古来の音楽や中国古来の音楽、さらに他地域の原始の音楽における五音音階では異なるとリーマンは主張しました。

　　私はこう思う。私たちにとってト長調の和音〔g・h・d〕は、g音やd音によって代理されうる。さらに、3度のh音によっても代理可能である。また、ホ短調の和音〔e・g・h〕は、e音やh音によって代理されうる。さらに、3度のg音によっても代理可能である。このように私たちは、ある旋律の各音を、三和音の和声の連続として聴くことができる。それに対して、3度近親をまだ知らない太古や原始の立場においては、和声概念は、根音と第5音に限られると推測される。つまりg音

も d 音も、g-d 音の複合体という和声的意味をもちうるし、e 音も h 音も e-h 音の複合体になれる。しかし、g-d 音において h 音は、そして e-h 音において g 音は、代理になれる可能性は全くない。(Ibid., 230*r*)

この説明によれば、西洋調性音楽においてト音（g 音）やロ音（h 音）やニ音（d 音）が旋律に現れたとき、この3つの音は、いずれもト長調の主和音であるト・ロ・ニ（g・h・d）の代理として聴くことが可能です。それに対して太古や原始の音楽、また日本や中国にみられるような、過去の伝統が今なお保たれた音楽では、ト長調の主和音を代理できるのは、根音（ト）と第5音（ニ）のみであって、第3音（ロ）では代理できないとリーマンは説きました。この説を図解すると図7のようになります。

図7　西洋調性音楽（左）と、太古や原始の音楽（右）の和声代理

こうした考え方の背後には、地域や時代によって音階の由来や人々の想像力が異なるという相対的・歴史主義的な価値観がうかがえると同時に、西洋の七音音階と太古や原始の音楽の五音音階を単純に二分化する姿勢もみてとれます。

さて、改めて図5の旋律とそれについた和音をみると、どの旋律音も三和音の根音か第5音にあたっていることが確認できます。それに対して、図8の「春の歌」の和声づけをみてみましょう。

図8 リーマンによる「春の歌」冒頭（Riemann 1902b, 8）

　この俗曲に用いられている音を並べると、図8の左上に記されているとおり、ト・ト・イ・変ロ・ニ・変ホ・ト（g・g・a・b・d・es・g）となります。先ほどの"Tsi-Tschong"とは異なり、この並びには、出発音のg音からみて3度上の変ロ音が含まれています。
　この3度音（変ロ）にはどのような和音がついているのでしょうか。たとえば6小節目と7小節目の旋律に登場する変ロ音には、ト・変ロ・ニ（g・b・d）というト短調の主和音がついています。旋律の変ロ音は、この三和音の第3音にあたります。つまりこの楽曲では、3度近親（3度関係）に基づいて和声代理を解釈していることになります[16]。このように和声づけした理由は述べられていないため、その真意はわかりません。この楽曲が古来の音楽ではないことや、音の並びに出発音（ト）からみて3度音（変ロ）が含まれていることから、3度近親を用いて和声づけしたのかもしれません。
　いずれにしても、この曲集全体を通してみると、旋律音を、三和音の第3音を代理したものとして解釈している箇所はあまりみあたりません。そのため、全般的にみれば、日本や中国の音楽を、5度の和声近親に基づいて和声づけしようとしたといえるでしょう。このように、リーマンの和声づけ「実践」は、その和声「理論」に深く根差しています。もともと和声のない音楽に和声をつけることについては、現代の目からみて賛否両論があるでしょう。しかし、西洋人が日本の音楽をどう受容したのかを示す一側面として、

16　「君と別れて」にも同様の事例がみられる。

また、同時代や以後の日本人も日本の旋律に和声をつける実践を行っていることからも[17]、そこに当時ならではの特徴がみいだせるのではないでしょうか。

●2　リーマンの和声理論は日本でどのように受容されたのか

　次に、リーマンの和声理論が日本で受容され始めた初期に目を移します[18]。本節では日本の音楽雑誌を対象とし、まずは受容初期の音楽雑誌においてリーマンがどのような文脈で言及されているかを概観します。その上で、リーマンの和声理論の詳細を論じた、山本直忠（1904-1965）による昭和6-7（1931-1932）年の雑誌記事にフォーカスします。

　音楽雑誌でリーマンに言及している記事にどんなものがあるのか、初期から昭和7年までをめどに表1で概観しましょう[19]。

表1　音楽雑誌におけるリーマンへの言及

年	著者	雑誌（巻／号）	内容やリーマンへの言及箇所
明治41 1908	素琴生	『音楽世界』2/8	リーマンの『音楽事典』を紹介
大正11 1922	梅津勝男	『詩と音楽』1/4	リーマンの「音楽美学の要素」に言及
大正13 1924	辻荘一	『講座』12	リーマンの音楽史等を参考にしたと記述
大正15 1926	伊庭　孝	『女性』8月号	リーマンの『音楽美学』を「純理論」と記述
昭和2 1927	門馬直衛	『楽星』3/1	「リイマン式の和声論を是認する今の私」と記述

17　たとえば信時潔（☞第2章）が、昭和最初期の『俚謡小曲集』において、同じ楽曲を（「かぞえうた」という曲名で）和声づけしている（信時1958、86頁）。

18　リーマンの和声理論の各国における受容については、以下のような研究がある。Harrison 1994; Holtmeier 2005, 2011；西田・安川2021。とくに日本におけるリーマン受容については以下。Walden 2019；鈴木2019；仲1997；仲辻2019；森田・松本2008；安川・張2024。

19　国立国会図書館デジタルコレクションで調査した。書籍は調査外であるため、網羅的な表ではない。

昭和3 1928	〃	『楽星』4/2	リーマンの大音楽史を読まないで「音楽史の先生になり済したり」と門馬自身について回顧
〃	桂近乎 (きんや)	『楽星』4/2	リーマンの音楽美学を解説
〃	〃	『楽星』4/4	リーマン「芸術とは何ぞや」の翻訳
昭和4 1929	門馬直衛	『音楽世界』1/5	リーマンが「ドイツの影響的な音楽学者であることは誰にでも知られてゐる」として美学書を紹介
〃	〃	『音楽世界』1/7	「リイマンの『民俗的調力研究』〔Rie-mann 1916〕」を読み始めていると記述
〃	里見嘯	『音楽世界』1/8	リーマンによる連続5度禁止の理由を紹介
〃	堀内敬三	『音楽世界』1/11	門馬直衛『音楽理論講義』を「リーマンの二元説のやうなヨタ理論を棄て」と書評
昭和5 1930	門馬直衛	『音楽春秋』14	「二元論がリイマンの独占であるかのやうに考へるのは、正しくない」と記述
昭和5-6 1930-1931	山本直忠	『音楽世界』2/6、2/7、2/9、2/11、3/4	「近代和声学講話」と題した連載において「近代和声学の父はリーマンである」と記述し、リーマンにならってT、D、Sの記号を用いて和声学を説明
昭和6 1931	門馬直衛	『音楽世界』3/1	ドイツ、アメリカ、イギリスの最新の音楽学の状況を報告、リーマンや「リイマンの門下の〔シュテファン・〕クレール」の書籍を紹介
〃	〃	『音楽世界』3/5	リーマンを本気で読んだと記述
〃	高野 劉 (きよし)	『音楽世界』3/7	5月号掲載の門馬直衛の記事におけるリーマンの音生理学と音心理学に関する質問状
〃	鹽入龜輔 (しおいりかめすけ)	『音楽世界』3/12	9月に音楽理論研究所（諸井三郎、園部爲之ら）、曙楽荘（箕作秋吉、池譲、鯨井孝ら）などが設立され、楽界の研究熱が高まっていると記述
昭和7 1932	兼常清佐[20] (かねつねきよすけ)	『音楽世界』4/5	「リーマンのTとDとSとのフンクチオン」と記述
〃	内海誓一郎 (せいいちろう)	『音楽世界』4/8	リーマンの不協和音に関する論を批判

20　兼常（1885-1957）は、リーマンの書籍を24冊所有しており（蒲生・土田・川上 2010、144-145頁）、『音楽概論』でリーマンの和声理論の書籍を推奨した（兼常［1929］2008、230頁）。

〃	堀内敬三	『月刊楽譜』21/12	「リーマンのウンタークラング〔基音から下方に形成される短三和音〕説」に言及
〃	山本直忠	『音楽研究』2、3、4	「和声学研究——和声学史」と題した連載において和声学の歴史を3つの時代に分けて解説し、第3期でリーマンの和声理論について議論

このように、大正期から昭和最初期（1920年代）には音楽美学や心理学、音楽史をめぐるリーマンの業績が広く知られていたのに対し、和声理論に関する言及は少しあと（1930年代）に入ってから活発化したといえそうです。その中でもとくに和声学やリーマンの和声理論に詳しく立ち入った記事として目を引くのは、山本直忠が昭和5（1930）年から翌年にかけて『音楽世界』に5回にわたって連載した「近代和声学講話」と、昭和7（1932）年に『音楽研究』に3回連載した「和声学研究——和声学史」です。

　山本は、1920年代にライプツィヒ音楽院に留学して音楽理論や指揮法を学びました[21]。宗教音楽を中心とした作曲家で、指揮者としても活躍しましたが、和声理論の研究者としての側面はあまり注目されてきませんでした。しかし、昭和10（1935）年に音楽評論家の山根銀二（1906-1982）が書いた記事を読むと、機能和声理論への貢献という点で山本が評価されているのが読みとれます。山根は、前年の第3回音楽コンクール作曲部門で第1位を受賞した山本をこう評しました。

　　今度のコンクール一等当選。和声的組立のしつかりした割に対位法的手法に恵まれてゐない。作曲に於けるよりも機能和声学の理論的方面に筆者は彼のユニークな役割を感じてゐる。（山根 1935、143頁）

ここから、少し前に山本が発表した上記の一連の記事が、識者の注意を引いていたと推測できます。

　ここでは、より細部に迫った昭和7（1932）年の記事「和声学研究——和

21　機能和声に関する著作をいくつか残したヘルマン・グラープナー（1886-1969）に音楽理論を師事した（富樫 1951、112頁）。

声学史」を読み解いていきましょう。山本は、和声学の歴史を「General-bass 時代」「Stufentheorie 時代」「Funktionstheorie 時代」、すなわち「通奏低音の時代」「音度理論の時代」「機能理論の時代」の3期に分け、第3期をとり上げた3回目の記事でリーマンの和声理論を解説しました。興味深いのは、解説するだけでなく、異論を唱え、代案まで示している点です。

　山本によれば、第3期の機能理論の時代は、1893（明治26）年にリーマンが出版した『和声論簡易版』に始まります。この時代の特徴は、和声二元論[22]が「実用和声学に大胆に採用せられた事」で紛糾したこと、リーマンが「一つの手落から相当の無理を犯すに至った」こと、「一元論主義と二元論主義の対立が露骨になってきた」ことだと指摘されます（山本 1932c、28頁）。なかでも和声二元論が不徹底であることに、山本は批判を向けました。

　和声二元論について順を追ってみていきましょう。まず山本は、リーマンの二元論を図9のように図解します。

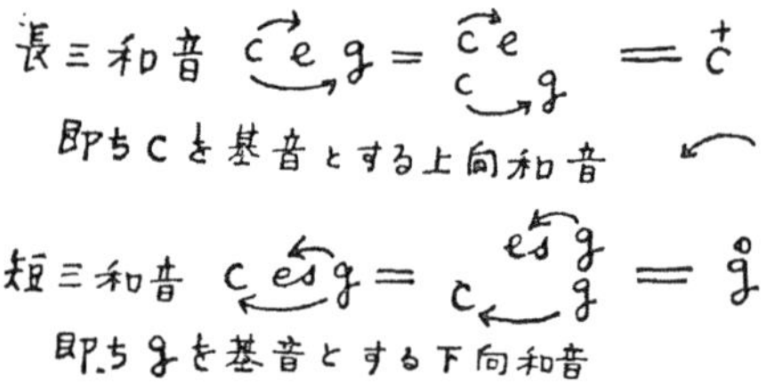

図9　「リーマンの二元和声学」（前掲書、34頁）

このように長三和音（c・e・g、ハ・ホ・ト）はハ音（c音）を基音とした「上向和音」、反対に短三和音（c・es・g、ハ・変ホ・ト）はト音（g音）を基音とした「下向和音」と翻訳されています。それぞれの和音は、基音の音名と、長三和音を表す＋、短三和音を表す0で略記されています[23]。短三和音の基音が一番下の音であるハ音ではなく一番上の音であるト音であること

22　基音の上方に形成される倍音と基音の下方に形成される倍音の対称性に基づく和声理論。一方、そのような二元論に基づかない和声理論は、対照のため「一元論」と呼ばれることがある。

23　リーマン自身は、＋をアルファベットの右横に、0をアルファベットの左横に付した（Riemann 1893）。

が、和声二元論の特徴のひとつです。

　この２種類の和音は、図10のような「上向自然音列」（自然倍音列）と、それをひっくり返した「下向自然音列」（下行倍音列）[24] の対称性に由来します。

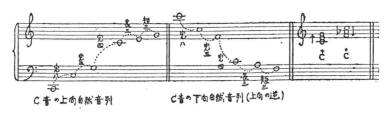

図10　リーマンによる三和音（同前）[25]

山本はここで、リーマンの第一の誤謬を指摘します。その誤謬とは、「其の和音取扱ひに於て、常に三つの音の組合わせのみを考慮に入れ、其の和音の持つ重複音を見逃した」点でした（同前）。具体的には、図10の上向自然音列には、長三和音の基音であるハ音（c音）が３回も重複して出てきているのに対し、下向自然音列では、図9で示した短三和音の基音であるト音（g音）の重複がみあたらないと山本は述べています[26]。この点で、長三和音と短三和音の基音の設定法がリーマンの書物の中で一貫していないというのが、山本の主張だと思われます。

　この指摘の妥当性は脇に置くとして、その解決策として山本は、まず図11のように、ニ音（d音）を基音とした上向自然音と下向自然音を提示します。

24　自然倍音は、ある音（図10の上向自然倍音では一番低いハ音）を鳴らしたときに、自然現象として同時にいくつもの倍音が鳴る現象。ただし、下行倍音が物理現象として生じるかどうかは証明されていない。

25　「完八」などは２音間の音程を指す。なお、下向自然音列のイ音（a音）には、ハ音（c音）と長３度の関係にあることから本来は♭がつくはずであるが、ここは山本の誤植であると考えられる。

26　本章では詳細を省略するが、リーマンが短三和音の基音や下向自然音列の基音にどの音名をあてているかは、書物によって異なる。そのため、山本にはリーマンの説明に一貫性がないと感じられたのだろう。

図11 ニ音を基音とした上向・下向自然音（前掲書、35頁）

ここでなぜニ音（d音）を基音としたのかについては、説明がないため不明ですが、山本によれば、「上向自然音」「下向自然音」の基音それ自体も対称的になっていなければなりません。そのため、図11でニ音を基音とした上向自然音と下向自然音をまず示し、このニ音を軸として基音どうしが対称形になるように、上向自然音ではハ音（c音）を基音に、下向自然音列ではホ音（e音）を基音にしました。図解すると、図12のようになります。

図12 ニ音を中心とした、上向自然音と下向自然音の基音の対称

図12によって上向自然音と下向自然音の基音どうしがニ音を中心に対称になりました。そして図13に示した山本の代案では、上向・下向音列それぞれにおける重複音であるハ音とホ音が長三和音と短三和音の基音となることも満たされました。

　第二の誤謬は、「自然音列を下向に取り又和音の考へ方も下向的にしながら、音階丈を従来の上向的組織を持つ音階によつてゐる事」（同前）でし

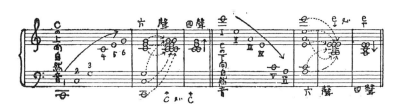

図13　山本の代案（同前）

た。こちらも、本人の図解（図14）がわかりやすいでしょう。

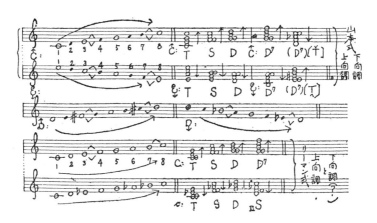

図14　山本式（上2段）とリーマン式（下2段）（前掲書、36頁）

5段のうち3段目には、ニ音を基音とした上向・下向音階が記載されています。その下にはリーマン式の長音階と短音階が書かれています。山本が述べたとおり、4段目の長音階も5段目の短音階も、ともに低い音から高い音へと上向きに記されています。これが山本の目には「矛盾」「不徹底」と映りました。そこで山本が再び発表した代案が、上の2段です。長音階はハ音から上向きに、短音階はホ音から下向きに書かれていて2つの音階はニ音を軸に鏡像形をなしています。結果として半音の位置も、両音階とも3音目と4音目の間、7音目と8音目の間に位置することになりました（ただし、山本式の下向調、つまり短調におけるT、S、Dの理解は、今日における一般的理解とは異なっています）。

　この代案を提示するのに際し、山本は次のように付記しています。

> 此の下向調は既に、信時〔潔〕、片山〔頴太郎〕、辻〔荘一〕諸先輩にお話して御意見を伺ったものですが、記事として発表するのは、今度が始めてです。（同前）

下向調について信時や片山をはじめとする先輩に意見を求めたという記述か

89

ら、リーマンの和声二元論は、山本が単独で検討していたわけではなく、当時、周辺の人たちに共通の話題として議論されていたと推測することができます（☞第2章）。

山本の記事は、リーマンの和声理論を紹介するだけでなく、改良しようとしたという点で一歩抜きんでています。山本式に対しては、現代の私たちからみて「音楽の実践と理論が乖離しているようにみえる」などさまざまな意見があるでしょう。また、現代日本の和声書において和声や音階の由来をめぐるこのような議論がほとんどみあたらないことも、当時と現代の違いを感じさせます。西洋の音楽理論をどのように理解するかやどのような点に注目するかに、こうした個人や時代の特徴がみられることも、音楽理論史を学ぶ面白さのひとつです。

◕ おわりに

本章では、第1節でリーマンが20世紀への世紀転換期に日本の音楽をどのように理論化し、和声づけという形で実践していたか、反対に第2節でリーマンの和声理論のうちとくに和声二元論が昭和初期（1930年代）の日本でどのように議論されていたかの事例をとり上げました。両者は20年ほど離れているとはいえ、日本における西洋受容と西洋における日本受容を両輪でとらえていくことで、一方向ではない相互受容の実態が少しずつあらわになってくるのではないでしょうか。本章ではあまり触れませんでしたが、受容を通して自身の理論が発展したり、自国の音楽を相手の目を通して見直したりといった形で、相互に影響が連鎖していくさまも興味深い点です。相互影響の歴史を記述していくことが、今後の課題といえるでしょう。

引用文献

Gelbart, Matthew, and Alexander Rehding. 2011. "Riemann and Melodic Analysis: Studies in Folk-Musical Tonality," *The Oxford Handbook of Neo-Riemannian Music Theories*. Edited by E. Gollin and A. Rehding, New York: Oxford University Press, 140-166.

Harrison, Daniel. 1994. *Harmonic Function in Chromatic Music: A Renewed Dualist The-*

ory and Account of Its Precedents. Chicago: The University of Chicago Press.

Holtmeier, Ludwig. 2005. "Grundzüge der Riemann-Rezeption," *Musiktheorie*. Hrsg. von H. de la Motte-Haber und P. Schwab-Felisch, Laaber: Laaber, 230-262.

—— 2011. "The Reception of Hugo Riemann's Music Theory," *The Oxford Handbook of Neo-Riemannian Music Theories*. Edited by E. Gollin and A. Rehding, New York: Oxford University Press, 3-54.

Holtz, Viktor. 1873-1876. "Zwei japanische Lieder," *Mittheilungen der deutschen Gesellschaft für Natur- und Völkerkunde Ostasiens* 1 (3), 13-14.

Riemann, Hugo. 1893. *Vereinfachte Harmonielehre oder die Lehre von den tonalen Funktionen der Akkorde*. London: Augener.

—— 1902a. "Ueber Japanische Musik," *Musikalisches Wochenblatt* 33, 209-210, 229-231, 245-246, 257-259, 273-274, 289-290.

—— 1902b. *Sechs originale chinesische und japanische Melodien für Violine und Klavier gesetzt*. Leipzig: Breitkopf & Härtel.

—— 1916. *Folkloristische Tonalitätsstudien. I. Pentatonik und tetrachordale Melodik im schottischen, irischen, walisischen, skandinavischen und spanischen Volksliede und im gregorianischen Gesänge*. Abhandlungen der Königlich-sächsischen Forschungsinstitute zu Leipzig, Forschungsinstitut für Musikwissenschaft, Reihe A, Band 1. Leipzig: Breitkopf & Härtel.

Utz, Christian. 2015. "Paradoxa, Sackgassen und die "geschichtliche Wirklichkeit" interkultureller Rezeption: Hugo Riemanns Auseinandersetzung mit der ostasiatischen Musik im Kontext der Diskussionen über eine "japanische Harmonik" im Zeitraum 1900-1945," *Archiv für Musikwissenschaft* 72 (3), 188-212.

Walden, Daniel Kitt Schelly. 2019. *The Politics of Tuning and Temperament: Transnational Exchange and the Production of Music Theory in 19th-Century Europe, Asia, and North America*. Ph.D. dissertation. Harvard University.

ホルンボステル、エーリッヒ・フォン、オットー・アブラハム［1903］2004「付録資料：日本人の音組織と音楽に関する考察」『日本音楽・芸能をめぐる異文化接触メカニズムの研究——1900年パリ万博前後における東西の視線の相互受容』研究課題番号：13410018平成13-15年度科学研究費補助金（基盤研究B（1））研究成果報告書、寺内直子訳、井上さつき・寺内直子・渡辺裕（編）、90-132頁。

リーマン、フーゴー 1928「芸術とは何ぞ」桂近乎訳、『楽星』（門馬直衛主幹）第4巻4号、171-175頁。

伊庭孝 1926「三人の優秀な少女ピアニスト」『女性』8月号、211-214頁。

巖谷小波 1902「小波通信——伯林百談」『少年世界』第8巻9号、27-33頁。

内海誓一郎 1932「田中正平博士の純正調風琴の演奏を聴いて」『音楽世界』第4巻8号、70-75頁。

梅津勝男 1922「音楽について書く事」『詩と音楽』第1巻4号、6-10頁。

小野亮祐 2012「ライプツィヒ時代の嶋崎赤太郎——ライプツィヒ音大に残された史料を中心に」『広島大学大学院教育学研究科音楽文化教育学研究紀要』第24号、39-45頁。

桂近乎 1928「音楽美学」『楽星』第4巻2号、9-12頁。

兼常清佐［1929］2008「和声の形」『音楽概論——学芸叢書1』、『兼常清佐著作集5——音

楽批評』所収、蒲生美津子・土田英三郎・川上央（編）、東京：大空社、227-262頁。

—— 1932「パレストリナのミサ——名曲を聞く 1」『音楽世界』第 4 巻 5 号、30-43 頁。

蒲生美津子・土田英三郎・川上央（編）2010『兼常清佐著作集別巻（兼常清佐ミクロコスモス）』東京：大空社。

釘宮貴子 2017「ルドルフ・ディットリヒの日本音楽研究——明治 20-30 年代の西洋人による日本音楽理解」『多元文化』第 17 巻、1-13 頁。

—— 2018「20 世紀初頭のドイツにおける日本の学校唱歌——R. ランゲと G. カペレンによる伊澤修二編『小学唱歌』第一巻の翻訳・編曲に焦点を当てて」『音楽教育学』第 47 巻 2 号、37-48 頁。

—— 2020『1890 年代から 1910 年代のドイツ・オーストリアにおける音楽のジャポニスム』名古屋大学博士学位論文。

里見嘯 1929「連続五度禁止の理由（三）」『音楽世界』第 1 巻 8 号、57-58 頁。

鹽入龜輔 1931「一九三一年からの覚え書き」『音楽世界』第 3 巻 12 号、12-19 頁。

鈴木聖子 2019『〈雅楽〉の誕生——田辺尚雄が見た大東亜の響き』東京：春秋社。

素琴生 1908「リーマン氏音楽字書」『音楽世界』（Mundus Musicae）第 2 巻 8 号、12 頁。

高野劉 1931「門馬直衛氏に対して」『音楽世界』第 3 巻 7 号、86-87 頁。

辻荘一 1924「ルウテルよりバッハ直前に至るまでの聖歌及び聖歌前奏曲の変遷」『講座』第 12 号、81-97 頁。

土田英三郎 2020「ルードルフ・ディットリヒ「日本音楽を知るために」——海外における日本音楽受容史の一史料」『音楽を通して世界を考える——東京藝術大学音楽学部楽理科土田英三郎ゼミ有志論集』土田英三郎ゼミ有志論集編集委員会（編）、東京：東京藝術大学出版会、10-52 頁。

寺内直子 2004「1900 年前後ヨーロッパにおける日本音楽研究——ホルンボステルとアブラハムの論文を中心に」『日本音楽・芸能をめぐる異文化接触メカニズムの研究——1900 年パリ万博前後における東西の視線の相互受容』研究課題番号：13410018 平成 13-15 年度科学研究費補助金（基盤研究 B（1））研究成果報告書、井上さつき・寺内直子・渡辺裕（編）、62-89 頁。

—— 2013「レオポルト・ミュルレルの「日本音楽に関するノート」について」『国際文化学研究——神戸大学大学院国際文化学研究科紀要』第 40 巻、25-72 頁。

富樫康 1951「山本直忠——現代作曲家群像（16）」『音楽芸術』第 9 巻 5 号、112-116 頁。

仲万美子 1997『日本・中国・西洋音楽文化の重層的対話』大阪大学博士学位論文。

仲辻真帆 2019「1930 年代前半の東京音楽学校における作曲教育——学校資料と初期卒業生の資料にみる本科作曲部の様相を中心に」『音楽学』第 65 巻 1 号、32-49 頁。

西田紘子 2021「フーゴー・リーマンの『音楽事典』にみる概念変容と隣接学問分野との相互作用——和声理論を中心に」『美学』第 72 巻 2 号、48-59 頁。

西田紘子・小寺未知留（編著）2023『音楽と心の科学史——音楽学と心理学が交差するとき』東京：春秋社。

西田紘子・安川智子（編著）2019『ハーモニー探究の歴史——思想としての和声理論』東京：音楽之友社。

—— 2021「音楽理論上の術語の伝播過程における翻訳とその影響関係——フーゴー・リーマン『音楽事典』の独・英・仏語版を例に」『北里大学一般教育紀要』第 26 号、21-41 頁。

信時潔 1958『信時潔ピアノ曲集』東京：春秋社。

萩谷由喜子［2003］2014『幸田姉妹——洋楽黎明期を支えた幸田延と安藤幸』東京：ショパン。

堀内敬三 1929「門馬直衛著『音楽理論』講義を読む」『音楽世界』第 1 巻 11 号、54-56 頁。

—— 1932「新刊批評」『月刊楽譜』第 21 巻 12 号、105-107 頁。

増田真結 2012「「日本和声論」の基礎研究——1930 年代から 40 年代を中心に」『Harmonia』第 42 巻、3-22 頁。

森田信一・松本清 2008「日本における和声理論教育の歴史」『音楽教育史研究』第 11 号、77-86 頁。

門馬直衛 1927「念頭に誓ふ」『楽星』第 3 巻 1 号、3-9 頁。

—— 1928「音楽に就いて書く」『楽星』第 4 巻 2 号、52-58 頁。

—— 1929a「音楽考察の方法」『音楽世界』第 1 巻 5 号、9-16 頁。

—— 1929b「民歌曲集を読む」『音楽世界』第 1 巻 7 号、25-33 頁。

—— 1930「調性の意味」『音楽春秋』第 14 号、4-5 頁。

—— 1931a「音楽学界の新人と旧人」『音楽世界』第 3 巻 1 号、30-37 頁。

—— 1931b「音楽学を研究する人に」『音楽世界』第 3 巻 5 号、133-134 頁。

山根銀二 1935「楽壇第一線人総評」『行動』第 3 年新年号、139-144 頁。

山本直忠 1930a「近代和声学講話（一）」『音楽世界』第 2 巻 6 号、43-50 頁。

—— 1930b「近代和声楽講話（二）」『音楽世界』第 2 巻 7 号、74-83 頁。

—— 1930c「近代和声学講話（三）」『音楽世界』第 2 巻 9 号、73-83 頁。

—— 1930d「近代和声学講話（四）」『音楽世界』第 2 巻 11 号、76-84 頁。

—— 1931「近代和声学講話（五）」『音楽世界』第 3 巻 4 号、125-136 頁。

—— 1932a「和声学研究——附 和声学史」『音楽研究』第 2 号、1-11 頁。

—— 1932b「和声学研究（二）——附 和声学史（第二期）」『音楽研究』第 3 号、81-88 頁。

—— 1932c「和声学研究（三）——附 和声学史（第三期）」『音楽研究』第 4 号、27-39 頁。

安川智子・張恵玲 2024「箕作秋吉の五度和声理論にみる異文化共存——音楽の国際連盟を目指して」『音楽学』第 69 巻 2 号、81-96 頁。

＊本研究は JSPS 科研費 JP24K03467 の助成を受けたものです。

コラム vol. 4

100年前の歌曲を演奏する

松岡あさひ

　現代の日本においてクラシック音楽を専門にしている演奏家であっても、近代日本の音楽作品に触れる機会はそれほど多くありません。そのなかで現在最も頻繁に演奏されるのは、歌曲の分野でしょう。私がこの時代の作品を演奏する際も、歌い手のピアノ伴奏者としてであることが多いのです。

　近代に国策として文部省を中心に唱歌の普及が進められたこと、母語である日本語に音楽を付ければ成立する身近さもあって、この時代の邦人作曲家にとって歌曲は創作の中心的な位置を占めていました。また、児童雑誌『赤い鳥』の創刊（1918年）をきっかけとした童謡の誕生も、子どもたちが西洋的な音楽に触れる情操教育として大きな役割を果たしました。現在の私たちが「荒城の月」「浜辺の歌」など「日本歌曲」と聞いて思い浮かべる曲の多くが、明治・大正時代の西洋音楽黎明期に書かれています。

　唱歌や童謡に端を発したこれらの歌曲は、五音音階の旋律に西洋的な和声づけを施したものであったり、あるいは歌詞が五七調であっても、旋律と和声づけの両方が西洋的であったりします。和音の運び方は西洋音楽の古典派（18世紀中頃から19世紀初頭）からロマン派（19世紀）の時代の教科書的な和声進行におおむね沿っており、文明開化から間もない時期に西洋の和声理論を短期間で学び取ったその柔軟さは驚くべきものです。

　他方、唱歌や童謡よりはもうすこし芸術歌曲寄りの作品、あるいは時代が下って昭和初期の作品に目を移すと、そこには作曲家の試行錯誤の跡が見えてきます。たとえば、機能和声から乖離した和声進行や、調性からの逸脱があったり、歌いやすさや耳馴染みのよさよりも音楽的な効果を優先するようなメロディラインが書かれていたり——これらはリヒャルト・ヴァーグナーやリヒャルト・シュトラウスなど後期ロマン派から近代にかけての西洋の作曲家の作品にも見られる特徴ですが、近代邦人作品ではそれが、なにかぎこ

コラム vol. 4 100年前の歌曲を演奏する

ちなさをともなった「異質なもの」として響くことがあるのです。この感覚
はいったいどこから来るものでしょうか。

　前提として、唱歌や童謡であれば子どもが歌いやすい内容に留める必要が
ありますが、芸術歌曲においてはその制限がありません。自由に羽を伸ばす
ことができる反面、作曲家の個性が求められます。その結果、彼らは自らの
理論的な理解が及ぶ範囲を超えて、背伸びをして作品を作っていったのでは
ないかと想像します。

　作曲家が新しい表現を試みるとき、理論ありきで進めることは稀です。ま
ず感覚を頼りに表現を模索し、その価値を認めて自分の中での音楽語法が確
立された後に、理論やメソッドが追随するのが普通でしょう。模索をしてい
くうえでの拠り所となる「感覚」には、その人自身が歩んできた（背負って
きた）歴史が大きく影響します。数百年におよび連綿と続くクラシック音楽
の歴史があって各々の「現在」にたどり着いた西洋人と、開国後たかだか数
十年の日本人とでは、体に染み込んだ西洋音楽の情報量に明らかな差があり
ます。山田耕筰（1886-1965）や信時潔（1887-1965；☞第2章）な
ど、最初期の邦人作曲家には多少なりとも西洋音楽に触れる機会があったキ
リスト教関係者の親族が多いこと、その次の世代——子どもの頃から西洋音
楽に馴染んだであろう世代になってから、日本の西洋音楽への理解度や作品
の熟練度合いが飛躍的に上がったことも、人間の「感覚」がいかに経験に左
右されるかということを示しています。

　近代は、日本人にとってだけでなく、西洋音楽史においても激動の時代で
した。後期ロマン派以降、調性の概念の拡大が推し進められ、全音音階や旋
法を用いた印象派の音楽、やがては無調の出現まで、目まぐるしく様々な手
法が生み出され、複雑さを極めていきました。日本への西洋音楽の流入は、
まさにその時代に重なります。はじめて耳にする西洋音楽がこのような爛熟
と混沌の時代を迎えていたことは、その手法を学び取ろうとする者にとって
大変な苦労があったと想像します。ましてやそのなかで邦人作曲家が自らの
作曲語法を生み出そうとするのは、怒涛の大波のなかを一艘の小舟で漕ぎ出
すようなものだったに違いありません。

　もし西洋音楽の本格的な流入があと200年、いや100年でも早かった

ら、事態はまったく異なっていたでしょう。作曲手法としては近代より簡素で、その習熟度合いやセンスによって曲の善し悪しが決まった時代に西洋音楽に馴染む環境があったなら——改良し技術を磨くことにかけてはお得意の日本人のことですから、日本から世界的な作曲家が生まれていたとしても不思議ではありません。ただ、そうすると逆に日本独自の音楽は衰退してしまったかもしれず、江戸文化が花開くこともなかったかもしれない…などと考えると、きっとこれでよかったのでしょうね。近代邦人作曲家の歌曲のなかでも、山田耕筰の「沖の鴎に」など、特に民謡を編曲したものや日本の民俗芸能に取材した楽曲は素晴らしい出来であることが多く、それは現代の作曲家には書けないような、この時代の日本人の体に色濃く刻み込まれた日本音楽が西洋音楽の和声とはじめて出会ったときだけに生まれる表現となっていて、たいへん魅力的です。

　すこし話がずれてしまいましたが、私が近代の日本の芸術歌曲に時おり覚える感覚がもう一つあります。それは、先に述べたような機能和声からの乖離や調性からの逸脱が、1曲の中で前後の脈絡なく突如として、部分的に顕れる傾向がある点です（例として図1、第26-27小節）。これは西洋出身の作曲家にはあまり見られない特徴であり、西洋の作曲家であれば既存の音楽語法からの脱却を目指すときに、その新語法で曲全体を構成するでしょう。部分的、刹那的に逸脱が顕れるのは、この時代の邦人作曲家が理解していた西洋音楽理論と、感覚で推し量るしかなかった同時代の西洋音楽との差異が

図1　信時潔作曲　歌曲集「沙羅」より「行々子」　第24-28小節

大きく、その隙間をゆるやかに埋めることが難しかったからかもしれません。邦人作曲家が自らのスタイルとして複雑な書法を自在に操れるようになるのは、もうすこし後の時代になってからのことです。

さて、ここまでおもに作曲家としての目線から近代の歌曲について考察してきましたが、では演奏家としてこの時代の作品に取り組むとき、どのような点に着目すればよいでしょうか。

日本人が近代の日本歌曲を聴くと、えも言われぬ郷愁を感じることがあります。それは五音音階を使ったメロディラインや古風な歌詞が大きな理由ではあると思いますが、「西洋の作曲家であれば書かない」和声進行——つまり西洋音楽理論的には（間違ってはいないまでも）ぎこちない和声進行が匂わせる、ある種の未熟さ——もまた、この懐かしさに寄与しているように、私は思うのです。

私は、先に述べたような「感覚」を演奏上どう処理するかということが、とても大事だと考えています。このような箇所を、作曲家が音を書いているからと言って素通りするような演奏をしてしまうと、聴き手にかえって違和感を呼び覚ましてしまいます。下手をすれば、「演奏者が音を間違えた」とさえ感じさせてしまうかもしれません。和音内の強弱のバランスを工夫して極力調和した響きとなるよう調整したり、あるいは逆にいびつさを強調して鮮やかな効果として印象づけたり——説得力のある音楽の流れにできるかどうかは演奏者の料理の腕次第です。演奏者には、単に作品を崇めたり感情に任せたりした演奏をするのではなく、その曲をよく分析し、どう聴かせたらその効果を最大限発揮できるか、熟慮する姿勢が求められます。その工夫次第で、多少のぎこちなさも作品の「味」として昇華させることができるのではないでしょうか。

―――――― 第4章 ――――――

自国の音楽史を談じる
――中国知識人の「中国音楽」観の変化――

新居洋子

❧ はじめに

　1920-1930 年代、中国の音楽界では、ある共通の試みが次々と世に現れていました。それは、中国における音楽の展開を一貫した歴史として捉え直し、こうした「音楽史」を通して自国の音楽の特徴や進化の程度を明らかにしようとするものです[1]。このような試みを行っていた知識人たちを「中国音楽史」の探究に向かわせたのは、留学などをきっかけとした西洋音楽からの刺激であり、彼らの中国音楽観もまた西洋音楽からの大きな影響を受けながら形成されていました。

　なかでも王光祈（おうこうき）（1892-1936）による『中国音楽史』（王 c1931）は、その規模と詳細さから当時の中国人による中国音楽史の代表作といえ、様々な先行研究[2]によって、この著作に表れた「国楽」への意識、また王光祈の留学先であったドイツの音楽界との関わりなどが論じられています。その一方で、『中国音楽史』を王光祈による著述史のなかに位置づけてみると、これまであまり注目されてこなかった点に気づきます。それはその前に書かれた『西洋音楽史綱要』（王 c1930）からの中国音楽観の変化です。本章では、この変化の要因を探るため、王光祈による「西洋音楽史」の受容、そしてヨーロッパの人々における中国音楽観の変遷を明らかにし、その転換点となったと思われるフランスのモーリス・クーラン（1865-1935）の著作が王光祈に影響を与えた可能性について、検討したいと思います。

1　この時期における「中国音楽史」叙述の歴史的背景と特徴については、黄（2015）に詳しい。

2　王光祈『中国音楽史』に関する主な先行研究として、前注に挙げた黄于真の博士論文のほか、田中（2008）、Gong（c2016）、黄（2017）が挙げられる。

❶ 1 音楽の「進化」を叙述する王光祈『西洋音楽史綱要』

清代末期以降、中国から海外への留学生が急増しました。そうしたなか王光祈は 1920 年にドイツに留学し、1927 年にはベルリン大学に入り音楽学を専攻しました。なお大学では、比較音楽学を確立しクルト・ザックスと協同で楽器分類法を提唱したことで知られるエーリッヒ・フォン・ホルンボステルの教えを受けていたとされます。1934 年にはボン大学で博士学位を取得しました[3]。

王光祈は『中国音楽史』を編纂する少し前、『西洋音楽史綱要』という著作を編纂しています。冒頭に付された要綱説明の末尾には、「中華民国 19 年 11 月 10 日、ベルリン国立図書館音楽部にて」とあります（王 c1930、上、提綱挈領、7 頁）。中華民国 19 年は 1930 年に該当し、王光祈は参考文献として、フーゴー・リーマンの著作（☞第 3 章）など 1900 年代から 1930 年に欧米で出版された独、仏、英語の音楽研究書を挙げています。彼は「西洋音楽の進化」を 4 つの時代に分けて叙述しており（前掲書、2 頁）、単に音楽に関わる出来事や人物を羅列するのではなく、「進化」の観点で構成したことが分かります。清末以降、存亡の危機に直面した中国知識人たちのあいだで、西洋の進化論を政治や社会の改革に取り入れる思想が普及し、その延長線上に王光祈による「西洋音楽の進化」論もあったと考えられます。それでは「4 つの時代」とは何かというと、①「単音音楽流行時代」、②「複音音楽流行時代」（以上、上巻）、③「主音伴音分立時代」、④「主音伴音混合時代」（以上、下巻）と定義されています。

まず①「単音音楽流行時代」に関しては、古代エジプトやバビロン、ギリシア、ローマで行われていた単声音楽を中心に、単旋律聖歌などが取り上げられます。興味深いことに、王光祈は中国の三分損益法に基づく七音（宮・商・角・徴・羽の五声に変徴・変宮を加えた基本音階）とギリシア旋法は、どちらもバビロンの影響下に創造されたとしています[4]。なおこの

3　博士論文の題目は "Über die chinesische klassische Oper（中国の伝統オペラについて）"。なお王光祈の経歴については Gong（c2016）を参照のこと。

4　王 c1930、上、35 頁。なお三分損益法は『管子』や『呂氏春秋』、『史記』など戦国時代 - 漢代に編纂された書物に見られる方法で、律管（ピッチパイプ）の長さを 3 分割してその 1 を

ように世界各地の古代文明の間に影響関係を見出そうとする考え方は17世紀頃からヨーロッパで流行していました。音楽に関しては、ピエール・ジョゼ・ルーシェというフランスの音楽理論家が、中国の三分損益法による五声とギリシアのピュタゴラス音律はいずれもエジプトに起源があるといった説を唱えており[5]、王光祈も西洋の音楽文献を通してこのような考え方に触れたのではないかと推測されます。

②「複音音楽流行時代」は、中世からルネサンスまでの多声音楽の発展を焦点とし、記譜法の確立などにも言及しています[6]。王光祈はとりわけヴェネツィア楽派への注目を促し、なかでも「魏那耳氏」による「半音学説〔Chromatik〕」、および「査理羅氏」による「諸和学説〔ハルモニア〕」は楽理において「空前の貢献」をなしたと称賛しました（前掲書、140-141頁）。「魏那耳氏」とはヴェネツィア楽派の開祖とされる作曲家アドリアン・ヴィラールトを、また「査理羅氏」とはヴィラールトの弟子で、和音の概念を確立するなど西洋音楽理論上大きな功績を残したことで知られるジョゼッフォ・ザルリーノを指します。前者に関しては、従来は全音階のみを「真音〔musica vera〕」とし、これに含まれない半音階的変化音を「偽音〔musica ficta〕」として区別する慣習により、「十二律が旋って互いに宮〔主音〕となる」こと、つまり調の移動が困難であったところ、ヴェネツィア楽派の登場により真偽の区別が解消へ向かい、ついに調の移動が自在になったといいます（前掲書、141-142頁）。後者の「諸和〔協和〕」に関しては、古代ギリシアなど早くに知られていた協和音は8度・5度・4度の3種類のみで、この「複音音楽時代」に至っても協和音の観念は未成熟であったが、ザルリーノは協和音を数比的に捉え直し三和音の基礎を確立したことにより、近世西洋の「諸和学〔和声学〕」の創始者といえると述べています（前掲書、142-147頁）。

③「主音伴音分立時代」では、さらに各方面における「進化」が強調され、ソナタやシンフォニアなど器楽曲およびオペラの進化、楽器の進化、そ

除いたり（損）加えたり（益）する、つまり西洋的にいえば5度音程（3:2）と4度音程（4:3）の音律を交互に生み出すことで12の音律を得る。

5　拙著（新居2017）の第3章を参照のこと。

6　王c1930、上、83-150頁、および下、1-36頁。

して教会音楽の進化について語られます（王 c1930、下、51-97 頁）。そして「近世西洋楽理の確立」として 12 平均律および「諸和学〔和声学〕」の完成に焦点が当てられ、ジャン＝フィリップ・ラモーによって完成された和声学のシステム、つまり三和音およびその「引伸諸和〔転回形〕」の概念を基礎とし、「高音〔倍音〕」の原理から導き出される「基音諸和〔主和音／トニック〕」「上五音諸和〔属和音／ドミナント〕」「下五音諸和〔下属和音／サブドミナント〕」の 3 つを主軸とする調の決定などを基礎とした和声理論について述べられています（前掲書、97-105 頁；図 1）。

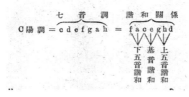

図 1　王光祈による、ラモーの和声理論に関する説明図（王光祈 c1930、下、105 頁）

残る④「主音伴音混合時代」は本稿の関心から外れるため、ここでは省略します。

こうして王光祈は、西洋音楽の歴史における単声から多声へ、さらに協和理論の形成、近代和声理論の確立へという流れを、「進化」として叙述しました。興味深いことに、彼は単声音楽時代には「音が前後に連なる一本の『線』」のようであったのが、近代には「数種の異なる音が同時に鳴る『体』」へと進んだとも言い換えており、一元から多元への進化をそこに見出そうとしています（王 c1930、上、83 頁）。

2　中国音楽をめぐる国内外の評価

(1) 王光祈と同時代の中国人による評価

こうして西洋音楽の歴史を 4 つの時代に区分した王光祈は、自国の音楽がどの時代に位置づけられるのかについても言及し、次のように断じています。

我らが中国音楽の現在の進化段階はほぼ「単音〔声〕音楽時代」に留まっており、たまたま伴音を用いることがあっても、ごく簡単なものに過ぎず、西洋近代音楽と同列に論じることはできない。（王 c1930、上、4頁）

　じつは同時期、このように自国の音楽を西洋音楽に比べて低く評価した中国人は少なくありません。たとえば黄金槐『西洋音楽浅説』（1928年）の自序（序の作成は1925年）には、次のごとく述べられています。

　私は敢えて自分の国の音楽を卑下するわけではない。しかし元代から今まで、どれほど進歩したというのか。〔中略〕我が国の音楽はごく幼稚で、まだ芸術の水準に達していない。（黄 1928、1-2頁）

とあります。また戴逸青『和声与製曲』（1928年）に凌鴻勛が寄せた序文にも、次のような嘆きがみられます。

　我が国の楽律についての言論は、最初は西洋より劣るものではなかった。和声を論じるのも、精粗の差はあれ、原理は一つであった。年代がはるかに遠ざかるにつれ、古調は弾かれず、古楽は失伝し、曲を製作する者も少なくなり、〔中略〕今ではまったくわずかになってしまった。西洋音楽が中国に入ってからしばらく経つが、ただ真似するだけで、自ら歌譜を作ることはできず、その弊害は古楽を知らないことに等しい。（戴〔凌鴻勛による序〕1928、1頁）

(2) 宣教師たちの伝えた中国音楽のイメージ

　これまで見てきたような、中国音楽を西洋音楽と比べて劣ったものと評価する態度には、もっと前から続く歴史があります。それはヨーロッパの人々の間で展開されてきました。

　中国とヨーロッパとの間で人々の往来が盛んになり、互いの情報交流が本格的に始まったのは16世紀末、中国でいうと明代後期のことになります。

第4章　自国の音楽史を談じる

これ以降18世紀末まで、両地域間における思想や文化の翻訳の主な担い手となったのは、イエズス会をはじめとするカトリック宣教師でした[7]。

　以上とは逆に、中国の音楽もまた宣教師たちによってヨーロッパに伝わりました。まずカトリック宣教の先駆者のひとりであり、明代の知識人との親交も深かったイタリア出身のイエズス会宣教師マテオ・リッチが、中国の音楽についてどのような感想を持ったかを見てみましょう。

　　〔中国人の〕協和音はすべて私たちと同じである。〔しかし〕彼らの音楽
　　はすべてユニゾンであり、声部の多様さによって調和が成り立つという
　　事実を知らない。音楽では自分たちが第一人者だと誇っているが、私た
　　ちの耳には調和しているように聞こえない。彼らが音楽において最上位
　　にあると自負しているにせよ、私たちのオルガンや他の楽器を聴くと、
　　彼らは大いに驚いたのである。これまで私たちの〔中国における〕教会
　　で聞こえることのなかった私たちの声部の多様さや合奏を聴けば、また
　　同じように驚くであろう。というのも、彼らはその永遠の無知と、近隣
　　の民の野蛮さによって慢心しているからだ。(Trigault 1622, 17)

中国における協和音が自分たちと同じだというのは、断言はできませんが、中国の代表的な伝統楽器である琴の奏法の一種と伝えられる「大間勾」「小間勾」を指している可能性があります。明王朝の藩王の世子（跡継ぎ）にして近世中国を代表する音楽研究者であった朱載堉（1536-1611）によれば、右手の大指（親指）と中指を用いて2音を奏するのが「大間勾」、大指と食指（人差し指）を用いるのが「小間勾」であり、前者は2音の間隔が（この2音を含む）8音で5度音程、後者は6音で4度音程に相当します（朱 c1596、『律呂精義』内篇、巻7、29葉）。後で見るように、この奏法は18世紀の宣教師ジャン＝ジョゼフ＝マリー・アミオ（1718-1793）による著作でも取り上げられています。これとは別に、古代から基本音律を定めるのに用いられてきた三分損益法は（西洋で完全協和音程に分類される）完全5度と

7　これらの宣教師による西洋楽器や楽曲、西洋音楽理論の伝播については、拙稿（新居 2016）および拙著（新居 2017）第3章を参照のこと。

103

4度の音程を基準としますので[8]、このことを指すのかもしれません。

　リッチの述べた「彼らの音楽はすべてユニゾンであり」以降には、16世紀当時から19世紀のヨーロッパ人における典型的な中国音楽観が表れています。つまり中国では音の協和に対する感覚はあるものの、実際の楽曲は単声部のみであり、合奏も知られていないというのです。彼は、中国の人々が西洋の多声音楽や合奏を知れば、西洋の数学や天文学、世界地図を知ったときのように驚くだろうと考えました。

　これに対し、前にすこし触れたアミオは、18世紀後半の中国で活動したイエズス会士で、ヨーロッパで初めて中国音楽の本格的研究を行った人物です。彼はリッチのように中国音楽を西洋より劣ったものとするような価値判断をとらず、中国における音楽のあり方を、できるだけ現地の人々自身の言葉を通して、つまり古今の中国で編纂された様々な音楽関連の文献を調査することによって追究しました。アミオの著作では、十二律や五音（声）、七声といった基本要素の原理、また中国で伝統的に「八音」と総称されてきた8種類の材料（金・石・土・革・糸・木・匏・竹）による楽器の種類が、図入りで解説されています。興味深いことに彼は、ラモー『自然の諸原理に還元された和声論』（1722年）の冒頭で示された、モノコードの分割にみられる「自然な」数の秩序と音の協和との相関関係[9]は、中国の伝統的な「自然」観と結びついた三分損益法によって先取りされていたとしています[10]。

　ただし注意すべきは、アミオもまた、中国における実際の楽曲や演奏に関しては、おおむね単声音楽として示したという点です。彼は、ヨーロッパ人としてほぼ初めて、中国の楽曲を多く収集し、現地の工尺譜（☞第1章）や西洋の五線譜を用いて採譜しました[11]。このような試みを行ったのはアミオがほぼ最初ですので、それ自体評価すべきではあります。ただしその中身を

8　注4を参照のこと。
9　たとえば、分割なしのモノコード＝基音に対し、4分の3に分割して得られる4度よりも、3分の2に分割して得られる5度のほうが協和し、さらにそれよりも2分の1に分割したオクターヴのほうが協和するといったように、分割の数が単純であればあるほど、よりよく協和するという現象を指す。Cf. Rameau 1722, 3-5.
10　拙著（新居2017、103-112頁）を参照のこと。
11　アミオによる採譜活動については洪（2011）とPicard（2012）に詳しい。

見てみると、たとえばアミオが「祖先の栄誉のための頌歌」として五線譜に書き表した楽曲がありますが、これは朱載堉『律学新説』に掲載された「旧制太廟・初献楽章」と思われます。朱載堉による楽譜を見ると歌のほか、琴や瑟、笙も使われています（朱1584、『律学新説』巻2、66葉表-70葉表）が、アミオはこれを五線譜上に歌唱パートのみを単声部のみで表現しました[12]。

　アミオの著作に関してはもうひとつ指摘しておくべき点があります。このアミオの著作は、音楽理論研究者で作曲家のルーシェによる注釈や索引が付けられて出版されたため、ルーシェにおける中国音楽に対する否定的態度がしばしば紛れ込んでいるのです。そのため、たとえば「中国人は音の協和を知っているか、あるいは過去に知っていたのか？」という設問に対してアミオは肯定的に「中国人はおそらく世界でもっとも協和を知っている国民であり、もっとも普遍的にその法則を守っている国民である」との回答を示し、ただしこの「協和」とは「宗教と政治を構成する物理的、道徳的、政治的なものの間の全体的な一致」にあると、やや煙に巻いた説明をしています（Amiot 1779, 164-165）。その一方で、末尾に付された索引のHarmonie（協和）の項では、次のごとく、一見すると先ほどとまったく矛盾するような見解も示されています。

　　　中国人は私たちにおける和声、つまり協和や対位法といった意味におけるそれを知らない。〔中略〕中国人が異なった音の集まりとして唯一知っているのは、琴や瑟が歌の伴奏をする際に、5度あるいは4度をなす弦の2本をつま弾くことで得られる。（Ibid., 245）

じつはこれはルーシェによる記述です。なおここに見られる琴や瑟の奏法は、前述の「大間勾」「小間勾」を指しており、アミオによる本文でこの手法が解説されています[13]。

　このようなややこしさを含め、アミオの著作は後のヨーロッパ人による中

12　Amiot 1779, 184-185.
13　Ibid., 245.

国音楽観にも深く作用しました。たとえば、前述のラモーに代表されるような自然科学的根拠に基づく和声理論の普遍性を否定し、時代や民族、文化によって異なる「調性」という概念によって音楽を基礎づけようとしたことで知られるフランソワ＝ジョゼフ・フェティス（1784-1871）[14]もアミオの著作を読んだひとりです。彼は中国における和音について論じる際、上記のようなアミオの著作における矛盾を批判した上で、同じ著作で言及された「大間勾」「小間勾」や、多くの音を同時に鳴らすことのできる笙にも触れています。このような事例も踏まえたうえで、フェティスは次のように断じています。

　〔中国では〕和音は未知のものではないが、音楽的効果に無関係な特殊な出来事としてのみ、またごくまれないくつかの音に限定して使用されているに過ぎないことがわかる。(Fétis 1837, LVII-LVIII)

　もう一人、ジュールス・ファン・アールストの中国音楽観も見ておきましょう。彼は清末の上海で海関（開港場に設置された税関）に勤め、関税業務に携わる一方、その名も『中国音楽』なる著作を1884年に出版しました。彼は中国音楽に対する印象を、かなり辛辣に語っています。

　我たちの見方からすれば、それ〔中国人の音楽〕は確かに単調であり、騒音で、不快ですらある。(Aalst 1884, 6)

中国人における和音については、5度と4度が協和音程とみなされていることは認めていますが、次のようにごくあっさりした記述であるのみならず、中国音楽を停滞したものとみなす観点から述べているに過ぎません。

　中国人は、古代人と同様、5度・4度およびオクターヴのみを協和音とみなしている。(Ibid., 6)

14　「調性」をはじめとするフェティスの音楽理論については、大迫（2007, 2014）に詳しい。

●3 クーランがもたらした変化

(1) クーラン『中国の古典音楽の歴史』

　このような状況のなか、19世紀末から20世紀前半にかけて、変化の兆しが現れます。その中心となったのが、冒頭でも触れたフランスのクーランでした。彼は1888年に駐北京フランス公使館の通訳として派遣され、見習いとして勤務するも、数か月でソウルのフランス公使館へ異動し、1892年に北京に戻ったのち、また数か月でフランスへ帰国しました。その傍ら、漢学および日本や朝鮮の歴史の研究を進め、中国に滞在した期間は短いものの「中国の古典音楽の歴史」の題目で博士論文を執筆し、19世紀ヨーロッパを代表する東洋学者の名を冠したスタニスラス・ジュリアン賞を授けられるという栄誉にも浴しました[15]。この博士論文が1912年に出版され、広く読まれることとなったのです[16]。

　『中国の古典音楽の歴史』において、クーランはまず、中国の音楽の歴史が研究に値するテーマであり、中国や音楽といった範囲を超えて「文明史のなかの一章」(Courant 1912, 78) に位置づけられるいっぽうで、研究にあたっては少なからぬ困難、おもに史料上の問題があることを指摘しています。彼は「楽理に関する著作は数多いとしても、奏法を扱ったものはきわめて稀」だとし、たとえば蔡邕（後漢）『琴操』(50の古琴曲の題名と作者を挙げて解題をほどこした) や、呉兢（唐）『楽府[17]古題要解』(漢、魏以来の古楽府を集めて解説した)、南卓（唐）『羯鼓録』(古代に西域から伝わったとされ、唐代に流行した打楽器である羯鼓にまつわる逸話を集めた)、段安節（唐）『楽府雑録』(唐代に行われた音楽全般について概説した) も、実際に示しているのは旋律ではなく詞であり、音楽は不在なのだと述べています (Ibid., 77-78)。また、そもそも音楽書自体、とくに明代より前のものは大部分が散逸してしまったと思われることも、クーランを嘆かせた原因のひとつでした[18]。

15　クーランの経歴については宮・呉 (2015) や李 (2017) に詳しい。
16　Courant 1912.
17　楽府とはもともと前漢の武帝が創設した音楽を管掌する役所のことで、この役所が民間から採集した歌謡を模倣して作られるようになった詩の形式 のことも指す。

(2) 朱載堉による「擬古」

こうした状況において、クーランがほぼ唯一の有益な手掛かりとしたのが16世紀以降の書物に記録された楽曲であり[19]、なかでも朱載堉が中国歴代の音楽理論を集大成し、新たに12平均律を提唱したことで知られる『楽律全書』に収められた『律学新説』『楽学新説』『郷飲詩楽譜』『操縵古楽譜』などの著作でした。中国の知識人たちは、春秋戦国時代に国内が武力によって分裂する前、つまり「三代」と呼ばれる夏・殷・周の3王朝や、それ以前の堯や舜といった王が統治していたとされる（半ば伝説上の）時代を理想とし、しばしば古代の政治や文化を復活させることを学問の目的として掲げていました。朱載堉も古代の音楽の再現に精力を傾け、こうした古代音楽の楽譜を『楽律全書』に多く載せた点は注目に値します。

ただし朱載堉が載せた楽譜は、クーランが言及した史料的制約などもあり、古代に用いられたものをそのまま載せるというよりは、少なからず朱載堉自身の操作が入った「擬古」（古代になぞらえる）的なものであったことに注意が必要です[20]。このような「擬古」的側面については、次の記述にみられる通り、クーランも明らかに認識していました。

　　〔朱〕載堉世子は、かなり踏み込んだ帰結を導き出し、実際には古代人を装って自分の考えを説明していることがわかる。『操縵古楽譜』において、この太子は自説を古典の引用で裏付け、それについて注釈を加えて自らの文章に紛れ込ませている。(Ibid., 122)

(3) 中国音楽における「和音」

それでもクーランは朱載堉の記した楽譜を貴重な情報源とし、そこから中国の古典音楽を形作ってきた要素を抽出し、西洋音楽的な枠組みにもとづく翻訳を試みました。このような試みを通して、クーランが示そうとしたのは一体どのような中国音楽像なのか、いくつかの箇所に注目して検討してみた

18　Ibid., 78.
19　Ibid.
20　朱載堉による「擬古」については長井（2002）、黄（2015、182頁、注422）に詳しい。

いと思います。

まず、朱載堉が『楽学新説』に載せた「釈奠（せきてん）大成楽章」と題する楽譜（朱c1606、『楽学新説』、16葉表 -18葉裏）に関する箇所[21]です（図2）。朱載堉が載せた楽譜は西洋の記譜法によるものとはまったく異なるので、見慣れない人がほとんどかと思いますが、この楽譜は複雑なものではありません。これは「釈奠（せきてん）」という、孔子とその門人を祭る重要な儀礼のための楽曲です。釈奠はまた様々な儀式によって構成されますが、そのうち「迎神」という孔子の神霊を迎える儀式で奏されるのが「咸和（かんわ）」という楽曲であり、ここで朱載堉が記譜しているのもこの「咸和」の曲になります。この楽譜は「歌」と「奏」つまり歌唱パートと器楽パートの2パートからなり、「羽調」つまり宮（きゅう）・商（しょう）・角（かく）・徵（ち）・羽（う）の五音のうち「羽」音に始まり「羽」音に終わる楽曲となっています。なお、ここでいう「羽」音のように、始まりであり終わりでもある音のことを、朱載堉は「起調畢曲（調を起こし曲を畢（お）わらせる）」と表現しています。

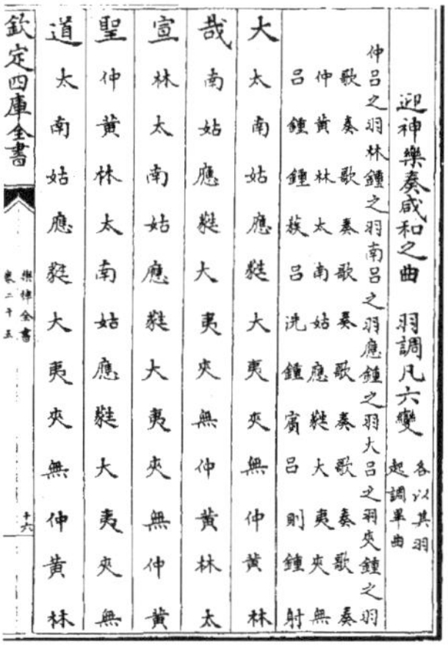
迎神樂奏咸和之曲　羽調凡六變　各以其羽起調畢曲
仲呂之羽林鍾之羽南呂之羽應鍾之羽大呂之羽夾鍾之羽
歌奏歌奏歌奏歌奏歌奏歌奏
仲黃林太南姑應蕤大夷夾無
呂鍾鍾蔟呂洗鍾賓呂則鍾射
大　太南姑應蕤大夷夾無仲黃林
哉　南姑應蕤大夷夾無仲黃林太
宣　林太南姑應蕤大夷夾無仲黃
聖　仲黃林太南姑應蕤大夷夾無
道　太南姑應蕤大夷夾無仲黃林
欽定四庫全書
樂律全書　卷二十五
十六

図2　朱載堉が記した「釈奠大成楽章」の「咸和」の楽譜（朱載堉 c1606, 16葉裏）

五音とは西洋音楽でいう音階に近い概念で、音同士の間隔によって、相対的に決定されます。これに対し、絶対音高を示すのが黄鐘（こうしょう）・大呂（たいりょ）・太簇（たいそう）・

21　Courant 1912, 102-107.

夾鐘・姑洗・仲呂・蕤賓・林鐘・夷則・南呂・無射・応鐘の十二律です。この十二律のどこに五音を位置づけるかによって、楽曲の調が決まります。この「咸和」の楽譜の場合、「六変」つまり5回の転調を含む全6対の調で演奏され、最初は歌唱パートが「仲呂」、器楽パートが「黄鐘」を宮とする調によって、続く2回目は歌唱が「林鐘」、器楽が「太簇」、3回目は歌唱が「南呂」、器楽が「姑洗」を宮とする調によって構成されています。歌詞は「大哉宣聖（大いなるかな宣聖[22]）」から始まりますが、この4字にあてられた音は、歌唱が「太簇」「南呂」「林鐘」「仲呂」で、器楽が「南呂」「姑洗」「太簇」「黄鐘」です。

　たとえば最初の回で、歌詞の冒頭の「大」が、なぜ歌唱パートは仲呂ではなく太簇、器楽パートは黄鐘ではなく南呂の音で演奏されるのかというと、それは前述のように各調の羽音で「起調畢曲」するという指定があるからです。つまり、歌唱パートは「仲呂」を宮とした場合の「羽」音＝「太簇」となり、器楽パートは「黄鐘」を宮とした場合の「羽」音＝「南呂」となるわけです。

　じつは、朱載堉がこの楽曲に適用した6対の調は、『周礼』（儒教でもっとも古く権威をもつとされる経書13種のひとつで、周王朝における官位制度を天・地・春・夏・秋・冬の各部門に分けて説明した）の「春官・大司楽」（音楽をつかさどる官）における次のような記載に基づいています。

　　天神を祀るには、黄鐘を奏し、大呂を歌い、雲門を舞う。地示〔祇〕を祀るには、大簇を奏し、応鐘を歌い、咸池を舞う。四望を祀るには、姑洗を奏し、南呂を歌い、大磬を舞う。山川を祀るには、蕤賓を奏し、函鐘を歌い、大夏を舞う。先妣に享祀するには、夷則を奏し、小呂を歌い、大濩を舞う。先祖に享祀するには、無射を奏し、夾鐘を歌い、大武を舞う。（『周礼』春官・大司楽、337葉表 -341葉表）

つまり天神・地祇・四望（東西南北）・山川・先妣（亡母）・先祖をそれぞれ

22　「宣聖」は孔子のこと。

祀るための6種類の祭祀に、それぞれ決まった音律と舞の種類を用いるという内容です。

　これに対し、朱載堉は敢えて考証を加え、上記の「大呂」と「小呂」（仲呂と同一とする）を入れ換え、また「応鍾」と「函鍾」（林鍾と同一とする）も入れ替えるのが妥当だという解釈を示し（朱 c1606、『楽学新説』、14 葉表 -15 葉表）、それを「釈奠大成楽章」に適用したのです。そのため前述のように、「釈奠大成楽章」の「咸和」の歌唱パートは、最初は（大呂ではなく）仲呂を宮とする調、2回目は（応鍾ではなく）林鍾を宮とする調で構成されました（図3）。

		第1回	第2回	第3回	第4回	第5回	第6回
「釈奠大成楽章」 の「咸和」	歌唱パートの 宮音＝調	仲呂	林鍾	南呂	応鍾	大呂	夾鍾
	器楽パートの 宮音＝調	黄鍾	太簇	姑洗	蕤賓	夷則	無射
『周礼』の 「春官・大司楽」	祭祀の種類	天神	地祇	四望	山川	先妣	先祖
	歌唱パートの 宮音＝調	大呂	応鍾	南呂	函鍾	小呂	夾鍾

　　　　　　　　　『周礼』の「春官・大司楽」から、朱載堉によって変更された箇所
　　　　　　⇨　上生（5度上）
　　　　　　➡　下生（4度下）

図3　朱載堉の記した「釈奠大成楽章」の「咸和」の歌唱パートと、『周礼』「春官・大司楽」の各祭祀における歌唱パートとの対応関係、および朱載堉による変更

　このような修正は、朱載堉における十二律の体系化に結び付いたものでした。まず重要なのは、十二律を6つずつ陰と陽に分け、黄鍾・太簇・姑洗・蕤賓・夷則・無射を「陽律」に、林鍾・南呂・応鍾・大呂・夾鍾・仲呂を「陰律」（陰呂ともいう）に分類する考え方が、中国では宇宙論と結びついて古くから存在するという点です。これに照らして、上記の6対の調を見てみると、朱載堉が「歌」にあてた調はすべて陰、「奏」にあてた調は陽に分類される律を主音とすることが分かります。それのみならず、朱載堉は、さら

に動的な関係を各律の配置に読み取ろうとします。すなわち「陽＝男性」と「陰＝女性」とする考え方に基づき、音律生成の過程を夫と妻、あるいは子と母の関係に擬し、黄鐘（陽・夫）が林鐘（陰・妻）を下生し、林鐘（陰・母）が太簇（陽・子）を上生し、太簇（陽・夫）が南呂（陰・妻）を下生する、などといった説明の仕方が古くから存在することを紹介し、これを「是に近し〔おおむね理にかなっている〕」と朱載堉は述べています（前掲書、11葉裏-12葉表および35葉裏-36葉表）[23]。なおこの「下生」「上生」とは、音律上は律管などの三分の一を益して（加えて）4度下の音律、また三分の一を損して（除いて）5度上の音律を得ることを意味します（図4）。

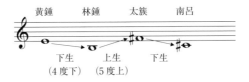

図4　朱載堉の述べた音律の上生・下生
※なお西洋の記譜法に置換し、クーランに従って黄鐘＝ホ音とした（Courant 1912, 102）。

このように単純な音律上の法則を「陽＝男性」と「陰＝女性」との宇宙論的関係として拡大解釈することによって、朱載堉は「釈奠大成楽章」の「歌」と「奏」に陰陽1つずつ6対の律を適用することとしました。その辻褄を合わせるためには、前述のような修正が必要だったわけです。

クーランはこの楽譜を「孔子への犠牲奉献のための聖歌」の「第1節：聖霊の奉迎」として西洋式に五線譜を用いて記譜し直しています（Ibid., 103-106）（図5）。5回の転調からなる全6回のうち、初回は、前述のとおり「歌」＝仲呂（の調）、「奏」＝黄鐘（の調）と指定されていますが、クーランはこれを西洋式に「イ（La）調の歌」と「ホ（Mi）調のオーケストラ」と言い換えています。以下同様に、「歌」＝林鐘（の調）、「奏」＝太簇（の調）という指定は「ロ（Si）調の歌」と「嬰ヘ（Fa♯）調のオーケストラ」と訳され、その次も「歌」＝南呂（の調）、「奏」＝姑洗（の調）の指定が「嬰ハ

23　ここで朱載堉が紹介した説は『漢書』律暦志に「律娶妻、而呂生子」とあるのに遡ることができ、またやや後には『礼記』月令篇に孔穎達が付した疏（コメント）にも見られる。

(Ut♯)調の歌」と「嬰ト(Sol♯)調のオーケストラ」、という具合に続きます。

図5 クーランが西洋式記譜法で翻訳した「釈奠大成楽章」の「咸和」の冒頭部分(Ibid., 103)

　クーランは、十二律を陰陽に区別すること自体は音響的な原理から直接裏付けられるようなものではないが、そこで朱載堉が古典の説く「協和〔harmonie〕の法則」を援用しながら補った説明には工夫がみられる、と評価しました (Ibid., 102)[24]。さらに朱載堉が行った修正に対しても、「根拠になるような古代の文献は存在しない」としながらも「音楽的に妥当性がないわけではない」と評価しています。なぜなら「下生」は完全4度下の音律を生じ、「上生」は完全5度上の音律を生じ、これを繰り返すことで1オクターヴ内に十二律をすべて生み出すことができるからです[25]。そして完全5度および4度は、西洋においてもっとも古くから協和音程とみなされてきたことから、クーランは「上生」「下生」という生成論に「協和の法則」も読み込もうとしたものと思われます。

(4) 中国音楽における合奏と和音

　もっとも、前節で見たように、中国において5度と4度が協和音程とみな

24　なお朱載堉の典拠について、クーランは『周礼』とした(Ibid., 102)が、正しくは前注のとおり。
25　クーランによる西洋音名との組み合わせに従うと、黄鍾=ホ(Mi)が林鍾=ロ(Si)を下生し、林鍾は太簇=嬰ヘ(Fa♯)を上生し、太簇は南呂=嬰ハ(Ut♯)を下生する、といった具合に続く。

されていること自体は、19世紀以前のヨーロッパ人たちも認識していました。クーランが従来と異なるのは、こうした和音の観念に基づく多声音楽の多様な実践を、中国に積極的に見出そうとした点にあります。

> 和音の理論、つまり音と音との関係を考えるのは、音が同時である場合よりも連続である場合のほうが把握しにくいように思われる。ところが中国音楽において和音を同時に奏することはきわめて副次的な要素である。〔中略〕載埴世子は儀礼音楽における合奏を研究しており、彼の著作から伴奏、オーケストレーション、リズムに関するいくつかの原則を導き出すことができる。(Ibid., 121)

上の文章の前半が何を意味するかは後で取り上げることにして、まず後半に注目してみましょう。クーランは、朱載埴の著作を通して、中国音楽における「合奏」的側面に接近していくのですが、そのなかで中国音楽における「伴奏」やオーケストレーションについて、従来になく詳しく解説し、また西洋式記譜法で書き換えることで西洋の読者向けに視覚化しました。すでに見たように、たとえばリッチは中国の音楽に「声部の調和」が見当たらないと述べ、中国音楽を採譜したアミオも単声部のみによって表現したことを踏まえると、クーランの視点は新しいものといえます。彼は中国では「古代には弦楽が無ければ歌うことが許されず、歌に合わせるのでなければ弦楽は無い」との原則があったと述べていますが、これは朱載埴が『操縵古楽譜』などに記した「古人は弦するにあらざれば歌わず、歌うにあらざれば弦せず」（朱 c1573-1619、『操縵古楽譜』、4葉裏‐表）を指しています。またクーランは伴奏における「正」「応」「和」「同」という基本概念も紹介し（Courant 1912, 121）、理論化されたものとして伝えようとしましたが、これらの概念の説明も朱載埴『操縵古楽譜』などにみられるもので、「正」＝「散声」つまり開放弦による本来の音、「応」は「同声相応じる」つまりオクターヴ離れた音、「和」＝「二声一致しないが実は相和する」つまり4度や5度の和音、「同」＝「両弦一声」つまりユニゾンを意味します（朱 c1573-1619、『操縵古楽譜』、2葉裏‐3葉表；Courant 1912, 121）。

第 4 章　自国の音楽史を談じる

　さらに重層的な編成の楽曲もクーランは紹介しており、なかでも朱載堉『郷飲詩楽譜』に掲載された「合楽関雎(ごうがくかんしょ)」に関して、五線譜に書き起こすのみならず、朱載堉によるもとの楽譜[26]も転載しました（図 6 と図 7）。なお「関雎」というのは儒教の五経のひとつ『詩経』の国風篇（諸国の民謡を集めた篇）に収められた詩で、冒頭の句「関関雎鳩(かんかんしょきゅう)」からこの名で呼ばれています。先秦時代において、この詩を歌詞とする「合楽」すなわち磬(けい)（打楽器）や瑟（弦楽器）、笙（管楽器）などの楽器および歌による合奏が、「郷飲酒」や「郷射」といった儀礼の際に演奏される規定があったことが『儀礼』（戦国時代以前の儀礼について解説した書物）などに記されているのですが、これを朱載堉は、おそらく『周礼』なども参照しながら、楽譜上に再現しようと試みたのです。

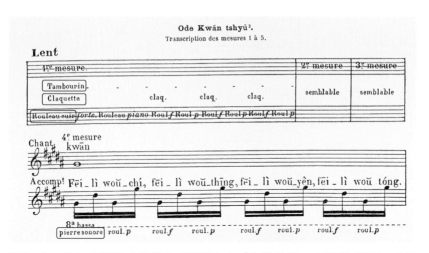

図 6　クーランが西洋式記譜法で翻訳した「合楽関雎」の冒頭（歌詞＝「関(kwān)」）部分（高音部譜表は歌唱パート、低音部譜表は伴奏パート（琴と瑟）を示す。なお楽器名の囲み枠は本章執筆者による）(Courant 1912, 125)

26　朱 c1573-1619、『郷飲詩楽譜』巻 1、44 葉裏 -47 葉表。

115

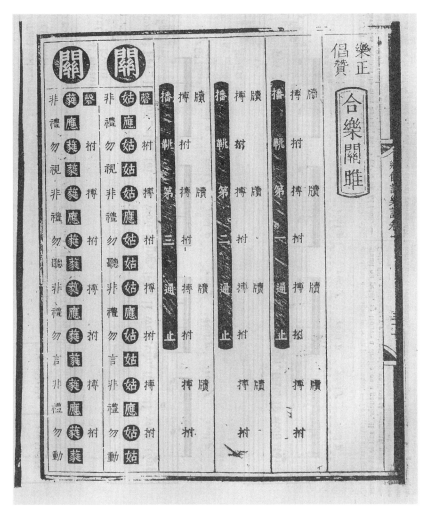

図7　朱載堉『郷飲詩楽譜』に記された「合楽関雎」冒頭部分の楽譜 (Ibid., 126)

　クーランによる楽譜（図6）を朱載堉の楽譜（図7）と対照してみると、まず楽器は、朱載堉の楽譜でその名称が明記されるのは打楽器のみですが、播鼗（振り鼓）、牘（板を打ち合わせて拍子をとる楽器）、磬（矩形の石製楽器で音階をなす）、搏拊（横打ちの鼓の一種）をそれぞれ Tambourin、Claquette、pierre sonore、Rouleau cuir と訳出しています。その他の声部

についてみると、図７の朱載堉による楽譜では、最上段は歌唱パートで、このページでは歌詞の冒頭の２字「関関」が記されています。その下に、歌詞の１字ごとに３列に分けて縦書きで記されたパートがあり、うち右列は磬や搏拊といった打楽器のパートを表しています。中央列は「姑応姑姑姑応姑姑」から始まり、十二律のうち姑洗と応鍾の組み合わせが書かれています。この声部が何かは、これだけでははっきりしませんが、朱載堉の別の著作『旋宮合楽譜』にも同じ「合楽関雎」が、より細かい楽譜によって示されており[27]、これを見るとおそらく琴と瑟のパートを示していることが分かり、クーランも本文の説明で琴や瑟が用いられていることを明らかにしています（Ibid., 128）。なお左列の「非礼勿視（礼にあらざれば視ることなかれ）」に始まる字句は、日光東照宮の「三猿」の由来としても有名な『論語』の一節ですが、朱載堉は「古語に当てはめて弦音を記載した」（朱 c1573-1619、『操縵古楽譜』、１葉裏）と述べており、いわば口三味線のようなもので、琴や瑟の奏者の便宜のために記したようです[28]。

　ここで前に引用したクーランの文章の前半、つまり「中国音楽において和音を同時に奏することはきわめて副次的な要素」と述べられた部分に戻りましょう。ここで彼が何を言わんとしたのかは、彼が「合楽関雎」の楽譜に加えた操作を知ることで明らかになります。この楽曲では、琴と瑟は、歌唱パートが最初の「関」を歌っている間は姑洗と応鍾を連続で、次の「関」では蕤賓と応鍾の連続で奏するよう指示されていますが、クーランは、こうした連続音を同時音つまり和音としてアレンジした楽譜も示しているのです（図８）。具体的には、姑洗と応鍾の連続を嬰ト－嬰ニ－嬰トの和音、蕤賓と応鍾の連続を嬰イ－嬰ニ－嬰イの和音としてまとめています[29]。要するに、これらの連続音は実際には分散和音なのだとクーランは主張しているわけです。西洋では和音を同時に演奏することに重きが置かれるのに対し、同時音

27　朱 c1573-1619、『旋宮合楽譜』、３葉表 -81 葉表。

28　なお『旋宮合楽譜』版の「合楽関雎」では、冒頭の「関」の部分に、竽・笙・塤・籥・簫・篪・箎・管はみな音を合わせて姑洗を奏し、以下もこれに倣うと指示されており、歌唱とのユニゾンで演奏したらしい（前掲書、３葉表 -6 葉表）。ただしクーランはこれらの楽器の使用について説明していない。

29　Courant 1912, 128.

は中国音楽では「副次的」でしかなく、しばしば連続的に分散して演奏されるので「把握しにくい」が、実はそこに和音が存在しているというのです。

こうしてクーランは、中国音楽において多声部からなる合奏が確立されており、その原理として和音の観念が存在していることを、楽譜という実践的なメディアを通して伝えようとしたのでした。

図8　クーランが歌唱パートと伴奏パートを和音としてアレンジした「合楽関睢」の楽譜（Courant 1912, 128）

(5) 中国音楽における調性

これまで述べたことにも深く関連しますが、もうひとつ重要なのは、クーランが中国音楽における「システム」に注目したことです。クーランのいう「システム」とは「調」のことです。彼は朱載堉による次のような言説を翻訳していますが、そのなかで「調を起こし曲を畢らせる（起調畢曲）」という、少し前にも触れた概念に言及しています。

> 音楽には五音が備わっているが、調を起こし曲を畢らせる際には、つねに1つの音を主とする。たとえば黄鍾宮調〔黄鍾を宮とした場合に宮の位置に来る音（つまり黄鍾）で始まり、また終わる調〕の曲であれば、〔その他の〕もろもろの音は、すべて黄鍾をもって節目とする。（朱 c1596、『律呂精義』外篇、巻3、10葉表-裏）

こうした見解が具体的に何に対して出されたのかは、『楽学新説』でより明らかにされています。それによれば、上記の見解は、調の構成において、まず十二律の音高をすべて定めてあらゆる調にこれらを適用すべきなのか、それとも宮・商・角・徴・羽の五音（五声）の高さをまず決定して基準とすべ

きなのか、という中国で長らく議論されてきた問題への見解として、打ち出されたものです。すでに述べたように、十二律とは絶対音高、五音とは音同士の間隔で決定される相対的な音階を指します。朱載堉は、まず五音を確定するのが肝要で、それらを踏まえて他の音も定めればよいとしました（朱c1606、9葉裏-10葉表）。つまり調の性格を決めるうえで五音の配置こそがもっとも重要だとしたわけです。

　じつは、ここに見られる考え方は、朱載堉の外舅祖（妻の祖父）にあたり、明朝の官僚で学者であった何瑭による「楽律管見」と題する文章に基づいています（何瑭 c1474-1543、8葉表）。

　ここにみられる「1つの音を主とする」について、クーランは注のなかで、わざわざ西洋の和声用語を用いて注釈を加えています。

　　「主」とは支配する音、つまりトニック〔Tonique〕を指す。（Courant
　　1912, 114）

　クーランが朱載堉から引用した「調を起こし曲を畢らせる（起調畢曲）」とは、元の時代の脱脱が編纂した宋王朝の正史『宋史』第131巻・楽志第六に出てくる概念です。この概念について、『宋史』では、南宋の学者であった蔡元定が提唱したと述べられているのですが、蔡元定が本当に首唱者なのか、またこの概念の解釈についても歴史上様々な論争がありました。そのもっともまとまった検証は、清代の学者である凌廷堪『燕楽考原』で展開されています。凌廷堪によれば、従来「起調畢曲」とは、楽曲の始まりと終わりの音（同一の音）さえ見ればその楽曲の調が判別できる、ということを表すと解釈されてきたが、このような考え方自体が誤りであり、実際の楽曲はそのように単純なものではなく、民間の音楽家でもこの説を聞いたら必ず唖然として失笑するだろうと述べています[30]。

　クーランがおもに参照したと思われる朱載堉の解釈はどうかというと、凌廷堪によって批判された考え方のように単純ではなく、とはいえ凌廷堪のよ

30　凌 c1811、巻6「宮調之弁不在起調畢曲説」、185-187頁。

うに「起調畢曲」自体を否定するわけでもなく、中間的です。前に取り上げた「釈奠大成楽章」の「咸和」という楽曲の例でいえば、全6回はみな「羽調」によるとの指定があり、1回目では歌唱パートが「仲呂」、器楽パートが「黄鍾」なので、つまりそれぞれ「仲呂の羽調」「黄鍾の羽調」ということになります。では各パートの「起調畢曲」がどうなっているのかというと、凌廷堪が批判した解釈における方式でいけば単純に歌唱＝仲呂、器楽＝黄鍾となるはずですが、実際にはすでに見たように歌唱＝太簇、器楽＝南呂となっています。つまり「仲呂羽調」「黄鍾羽調」とは、仲呂や黄鍾を宮とした場合に、それぞれ羽に当てはまる音で「起調畢曲」する調、となります。総じていえば、最初と最後の音は、それだけで調を決定するわけではない一方で、楽曲の調を特徴づける五音の配置によって定まるわけですから、その楽曲にとって主要な役割を果たしている、というわけです。

　こうした朱載堉の考え方を踏まえると、クーランが「1つの音を主とする」をトニック（主音）と解釈したのは、やや西洋音楽に引き付け過ぎたためにずれが生じたようにも見えます。ただしクーランは、本文の複数の箇所で「起調畢曲」に用いられる音を、トニックだけでなく「あるいはドミナント」とも表現しており（Ibid., 114, 115）、解釈に幅を持たせています。トニックにせよドミナントにせよ、「起調畢曲」という概念を、このように近代西洋和声理論の枠組みに当てはめて解釈したのは興味深いことです。

●4　王光祈における変化

(1) 中国音楽通史の編纂──『中国音楽史』

　前節ではクーランによる中国音楽研究について見てきましたが、それを踏まえたうえで、王光祈による中国音楽観に立ち戻ってみたいと思います。第1節では王光祈による『西洋音楽史綱要』を取り上げましたが、本節では『中国音楽史』という別の著作について見てみます。興味深いことに、この『中国音楽史』には『西洋音楽史綱要』に見られたのとは異なる中国音楽観を読み取ることができるのですが、こうした変化の要因のひとつに、クーランの著作からの影響があったのではないかと考えられます。

まず『中国音楽史』がいつ、どこで書かれたかについてですが、この著作における王光祈自身による序文の末尾には「中華民国20年2月26日、王光祈がベルリン国立図書館にて序をしるす」という一文があり（王 c1931、上、自序、5頁）、1931年2月前後に完成したことが分かります。この一文のみならず、同じく自序において「もし読者諸氏に拙著『西洋音楽史綱要』を読んだことのある方がいれば」（前掲書、2頁）と述べられており、また第1章「本書を編纂した原因」でも次のように書かれています。

　　私はその著作である『西洋音楽史綱要』において、ベルリン大学教授
　　〔アルノルト・〕シェーリングの「ヨーロッパにおける現在の音楽歴史
　　事業は、西洋音楽通史を編纂できる程度には至っていない。これを可能
　　にするため、目下まず「断片的な作業」に全力で取り組まなければなら
　　ない」という言[31]を引いた。（前掲書、1頁）

こうした記述からも、『西洋音楽史綱要』が出版された後にこの『中国音楽史』が編纂されたことが明らかです。
　なお前掲の文章に続けて、王光祈は次のように述べ、中国音楽の「通史」の編纂に挑んだ意図について説明しています。少し長いですが、ドイツ留学中に彼が現地で音楽に関する教育研究機関の発達にいかに衝撃を受け、それのみならずこの経験から彼が何を目指すようになったのかが明確に示された箇所でもあるので、やや丁寧に引用してみます。

　　実際のところ西洋音楽文献の豊富さ、西洋学者の著述の勤勉さは、我々
　　「礼楽のくに」出身の人間の想像の域を超えている。大型図書館にはつ
　　ねに音楽部門の所蔵する音楽書籍がややもすれば数十万冊以上にものぼ
　　り、著名な音楽書店によって出版される音楽書籍も往々にして数十万冊
　　を超える。ドイツに23校ある「普通大学」〔Universität〕に限っても、
　　音楽学部が設置されていないところは無く、国立の「工科専門大学」の

31　該当箇所は『西洋音楽史綱要』上の5頁に見られるが、シェーリングの言説の出典は未詳である。

中にも「音楽歴史講座」が開設されているところもあり、これ以外にも多くの「音楽専門大学」（もっぱら吹奏、歌唱、作曲など「応用音楽学」を学ぶところで「普通大学の音楽系」が「音楽歴史」「音楽科学」に重きを置いているのと異なる）、私立音楽学院でも、「音楽史」を必修科目に含めている。ベルリン大学音楽学部について言えば、教授が10人余り、学生200人余りが、年中この学問に没頭し、研究に全力を尽くすなかで、西洋音楽史も体系的学問となって100-200年が経ち、多くの古典的著作も整理されてきた。にもかかわらず前述のベルリン大学教授シェーリング氏は「西洋音楽通史が編纂できる程度には達していないきらいがある」との感想を抱いている。ましてや我が国では現在、音楽文献もこのように備わらず、音楽人材もこのように欠乏しているというのに、筆を握って中国音楽通史を編纂しようなどとは、滑稽この上ない。

（前掲書、1-2頁）

このような認識を持ちつつも、彼が敢えて「中国音楽史」を叙述しようとするのはなぜか。その理由として、王光祈は3点挙げています。

第一に、中国音楽史料の整理の方法について議論したい。〔中略〕第二に、本書の作者〔王光祈自身〕は、中国音楽の歴史上における重要かつ未だ十分な解決をみていない諸問題を一つ一つ指摘したい。我々は現時点では「進化の筋道が完全につなぎ合わさった」中国音楽通史を作成することができないため、こうした「未だつながっていない」部分を一つずつ指摘することにより、今後の研究の進展に期待したい。〔中略〕第三に、余は個人として中国音楽の歴史をめぐる「断片的な作業」に関して、中国語やドイツ語で若干の著作を発表しており、また西洋の学者による中国音楽の歴史に関する著述も数十種、〔中国〕国内で最近すぐれた学者による著作も数種あり、すぐれていて採用すべきところも多く、あるいは誤っていて修正を要する箇所もあるので、余はこの機会を借りてそれらをつなぎ合わせ、一種の比較的体系的な音楽歴史を構成し、各種の材料が各所に散らばって国内の学者たちが収集に困る不便を免れる

第 4 章　自国の音楽史を談じる

ようにしたい。(前掲書、2-3 頁)

以上に引いた文章から、『中国音楽史』における目的が、不十分であるにせ
よ現時点で可能な限り体系的な中国音楽通史を提供し、かつ通史の編纂に立
ちはだかる諸問題を指摘することで、高度に体系的な通史が将来編纂される
のに役立てることにあったと分かります。

(2) 中国音楽の「進化」

　それでは、彼のいう体系的な通史とは何なのかというと、すでに引いた彼
の言葉を借りれば「進化の筋道」を備えた歴史を指します。彼はまた、中国
で従来なされてきた歴史叙述には「進化を談ずる」著述がほとんど無かった
とも述べており (前掲書、4 頁)、音楽に限らず歴史叙述全体に対してこの
ような問題意識を持っていました。そこで、『西洋音楽史綱要』では西洋音
楽の進化に焦点が当てられましたが、その少し後に書かれた『中国音楽史』
では自国の音楽において「進化を談ずる」ことを試みたわけです。その分か
りやすい表れとして、この著作の第 3 章以降の見出しは「律の進化」「調の
進化」「楽譜の進化」「楽器の進化」「舞楽の進化」「歌劇の進化」「器楽の進
化」となっています。

　ただし『中国音楽史』において王光祈が追究した「進化」とは、ただ西洋
を基準として自国の音楽を劣ったものとみなし、ひたすら西洋の水準に追い
つこうとするというようなものとは大きく異なっています。彼が「進化」と
同時に強調したのは「民族」という観念でした。

　　「音楽作品」はほかの文学作品と同じく「民族性」のうえに建築される
　　のであり、無理やり西〔洋音〕楽が代わりを務めることはできないと信
　　じており、「国楽」生産の道においてとくに努力しないわけにいかな
　　い。自分はただ史料の整理に励み、実際の「国楽」創造については〔そ
　　の能力のある人物を〕待つのみである。(前掲書、2-3 頁)

こうした主張が、西洋文化の強い影響下において自然科学がひたすら重んじ

123

られ、その陰で感情面の涵養がおろそかにされてきたとの批判精神から来るものであることは、以下の言から明らかです。

　　現在、我が国の人々はひたすら物質主義の影響を受け、自然科学のみが現在の中国に必要だと思っているが、自然科学はただ我々の理智〔理性〕の発達に役立ち、物質の生産を促進するだけで、わが民族精神を団結させることはできないということを知らないのである。民族精神とは、一面的な理智の発達や物質の充足によって補助できるようなものではなく、必ず民族感情にもとづく文学芸術、あるいは〔感〕情と〔理〕智を半々とする哲学思想によって導く必要があるのだ。(前掲書、3頁)

　『西洋音楽史綱要』では自国の音楽の「進化」段階を、もっぱら西洋音楽史の展開を基準として単声音楽時代に留まっていると判定し、西洋近代音楽よりも大幅に劣るということのみを述べたことからすれば、『中国音楽史』における自国の音楽に対する態度には少なからぬ変化が見られます。

(3) クーランの著作が与えた影響

　前著『西洋音楽史綱要』の発表からわずかの間に、このような変化が生じた要因とは何でしょうか。第一に、1930年前後における王光祈は、ドイツ生活も長期間におよび、西洋文明の発展における正の面だけでなく負の面も認識するようになっていました。その結果として、音楽の分野に限らず、西洋文明に無批判に追随するのではなく、中国文明の独自性を正しく認識し、その自国の将来にとって益するところはきちんと継承すべきだというような見解を示しています。この点で、たとえば1931年5月27日に『上海生活週刊』に掲載された「「争」による立国と「譲」による立国」は、彼がベルリンで書いた記事で、注目に値します。その主張の要点として、西洋では古代ギリシア・ローマの時代から「己の意見に固執する」精神が強く、自らと異なるものを排斥しようと「争う」ことによって立国してきた歴史があること、これに対し中国では伝統的に「事の是非」のみを判断の基準とし、自らの意見と異なるものも許容しようと互いに「譲る」ことで国を維持してきた

歴史があること、そしてどちらの「立国」にも一長一短あり、「歴史的視野」と「人類的立場」によってよく観察したうえで、いかなる場合に争い、いかなる場合に譲るのかを決定すべきであって、西洋の進化を迷信すべきではないことが挙げられます（王 1936、655-659 頁）。

　第二に、情報源からの作用ということが挙げられるでしょう。王光祈によれば『中国音楽史』の 7-8 割の内容は彼自身による研究を題材としており、残る 1 割は自国の最近のすぐれた学者による著作、もう 1 割は西洋の学者の著作から材料を得ました。そして西洋の学者による著作として彼が特筆したものこそ「法 人苦朗君」による『中国の古典音楽の歴史』（王光祈は『中国雅楽研究』と訳しました）です。これを王光祈は「もっとも精博」と評し、「その説を多く採り入れた」と述べています（王 c1931、上、1 頁）。

　それでは、どのような点にクーランの著作からの影響を見て取ることができるのでしょうか。『中国音楽史』の全体において、どの部分に何の参考文献を用いたかが明らかにされていない点には注意が必要です。この点を踏まえた上でまず注目すべきは、『西洋音楽史綱要』でなされた、中国音楽が単声音楽時代に留まっている、との見方が、『中国音楽史』では明らかに変化している点です。クーランが朱載堉の著作の翻訳を通して、中国音楽における合奏や和音の存在に焦点を当てたことは、王光祈にも少なからず作用したのではないかと推測されます。前節で見たように、朱載堉は「釈奠大成楽章」の「咸和」を楽譜上に再現する際、『周礼』で規定された 6 種類の祭祀の「歌」と「奏」の各調を適用し、その結果として両声部はつねに 4 度音程を保ちながら進んでいくものとして示されました。こうして朱載堉によって再現されたこの楽曲を、クーランは中国音楽における「協和の法則」が実際の楽曲編成に反映された事例として取り上げました。そして王光祈『中国音楽史』では、この楽曲そのものではありませんが、朱載堉が『周礼』から借用した 6 種類の祭祀の「歌」と「奏」に関する部分に焦点が当てられ、ここでの両声部の間に見られる 4 度および 5 度の相和は、ヨーロッパで 10 世紀前後の多声音楽に見られる 4 度や 5 度の平行に等しいと述べられています（王 c1931、下、112 頁）。ここに 5 度も含めるのは、祖先祭祀で用いられる夾鍾（歌）と無射（奏）を 5 度としたからで、単純な誤りでしょう（無射の

ほうが低音パートなので4度になります）。彼はさらに、こう述べています。

> 我が国の複音〔多声〕音楽は西洋より800-900年早く発達したが、現状
> に甘んじて前進しようとせず、2000年ものあいだ一切進歩しなかった
> のはまことに嘆かわしい。（同前）

このように自国における多声音楽の発生の早さは認めつつも、「進歩」の程
度という点では依然として悲観的な見方をとっていたようです。

　さらに「調の進化」の章では、クーランが触れた「起調畢曲」に関して、
王光祈もやや大きな紙幅を割いて論じています。この説に関しては彼も朱載
堉のように中間的な態度をとりましたが、注目すべきは王光祈もここでクー
ランのように「トニック」「ドミナント」の概念を引き合いに出したことで
す。王光祈は、西洋の古典派の作品では「起調」において「基音〔Tonika〕」
や「上五階〔Dominante〕」、つまり主音／トニックや属音／ドミナントを用
いることが好まれる傾向があり、中国における唐代以降の楽曲でも「起調」
「畢曲」のどちらも「基音」であったり、片方だけが「基音」であったりす
ることがあり、また古代の雅楽では「畢曲」の1音が必ず「基音」であった
ことはほぼ疑う余地が無い、としました（王 c1931、上、163-171頁）。つ
まり彼もクーランと同様に（おそらくはクーランに倣って）、近代西洋和声
理論に通じる構造を中国音楽に見出そうとしたといえるのです。

🍃 おわりに

　最後に要点を整理しておくと、16世紀以来のヨーロッパ人による中国音
楽観の歴史のなかで、クーランは明らかに画期となりました。ただしその特
異さは、従来の見方を特徴づけてきた5度と4度のみを中国音楽における協
和音とする見方自体を大きく変えたというよりも、こうした音の協和を理論
上のみならず実践されるものとして示した点にあるでしょう。つまり彼は従
来のヨーロッパ人がほぼ認めてこなかった中国音楽における多声性を、朱載
堉が記譜した様々な楽曲の翻訳を通して、示そうとしたのです。彼はまた中

国音楽における調のあり方も、近代西洋和声理論的な枠組みにおいて捉え直そうとしました。その一方で、和音の取り扱いにおいて、同時性を基本とする西洋音楽に対し、中国音楽では同時性よりも連続性の比重のほうが大きいとみなし、そこに西洋音楽とは異なる独自性を見出し、学問的な分析の俎上に載せようと試みた点もクーランの新しさといえます。

　クーランによる新しい中国音楽観は、王光祈の中国音楽観が、西洋音楽中心主義的な『西洋音楽史綱要』から、クーランの著作を主要な参考文献として書かれた『中国音楽史』に至るまでに大きく変化した要因のひとつとなったものと思われます。

引用文献

Aalst, Jules A. van. 1884. *Chinese Music*. Shanghai: Inspectorate General of Customs.

Amiot, Jean-Joseph-Marie. 1779. *Mémoire sur la musique des Chinois: tant anciens que modernes*. Paris: Chez Nyon l'aîné.

Courant, Maurice. 1912. *Essai historique sur la musique classique des Chinois, avec un appendice relatif à la musique coréenne*. Thèse pour le doctorat, présentée à la Faculté des lettres de Lyon, Paris: Librairie Ch. Delagrave.

Fétis, François-Joseph. 1837. *Biographie universelle des musiciens et bibliographie générale de la musique*. Bruxelles: Meline, Cans et Compagnie.

Gong Hong-yu. c2016. "An Accidental Musicologist – Wang Guangqi (1892-1936) and Sino-German Cultural Interaction in the 1920s and 1930s," *The Strange Sound: Proceedings of the International Symposium on Chinese Musicology in Bonn, October 3-4, 2014*. Edited by Mariana Münning, Josie-Marie Perkuhn, and Johannes Sturm, Bonn: Ostasien-Institut e.V.

Picard, François. 2012. "Amiot, Les Divertissements chinois,"（halshs-00726594, https://shs.hal.science/halshs-00726594；2024 年 7 月 12 日閲覧）.

Rameau, Jean-Philippe. 1722. *Traité de l'harmonie reduite à ses principes naturels : divisé en quatre livres*. Paris: Imprimerie de J.-B.-C. Ballard.

Trigault, Nicolas. 1622. *Entrata nella China de' Padri della Compagnia del Gesu*. Naples: Lazzaro Scoriggio.

大迫知佳子 2007「フェティスの和声理論に関する一考察」『人間文化創成科学論叢』第 10 巻、177-185 頁。

── 2014「19 世紀前半における和声理論と自然科学の関わり──ジェローム＝ジョゼフ・ド・モミニとフランソワ＝ジョゼフ・フェティスの理論を中心に」『音楽学』第 60 巻 2 号、142-153 頁。

田中有紀 2008「近代中国における国楽と伝統音楽──王光祈と比較音楽学」、中島隆博（編）『中国伝統文化が現代中国で果たす役割』、東京：東京大学グローバル COE「共

生のための国際哲学教育研究センター」、143-156 頁。

長井尚子 2002「朱載堉舞踊譜小考」『お茶の水女子大学中国文学会報』第 21 号、69-86 頁。

新居洋子 2016「清朝宮廷における西洋音楽理論の受容」、川原秀城（編）『中国の音楽文化——三千年の歴史と理論』東京：勉誠出版。

——— 2017『イエズス会士と普遍の帝国——在華宣教師による文明の翻訳』名古屋：名古屋大学出版会。

戴逸青 1928『和声与製曲』上海：中華書局。

宮宏宇・呉思篤 2015「法国漢学家庫朗与 20 世紀初域外中国音楽研究（上）」『音楽研究』2015 年第 4 期、64-75 頁。

何瑭 c1474-1543「楽律管見」、鍾人傑彙輯『性理会通』所収、8 葉表 -9 葉表。

洪力行 2011「銭徳明的《聖楽経譜》——本地化策略下的明清天主教聖楽」『中央大学人文学報』第 45 期、1-30 頁。

黄金槐 1928『西洋音楽浅説』上海：商務印書館。

黄于真 2015『二十世紀上半葉中国音楽史写作脈絡探析』国立台湾師範大学音楽学系博士学位論文。

——— 2017「音楽学観点下的音楽史方法——王光祈的音楽研究歴程与他的『中国音楽史』」『台湾音楽研究』第 24 期、33-56 頁。

李美燕 2017「法国漢学家莫里斯・庫朗対《天聞閣琴譜》之研究」『音楽探索』2017 年第 3 期、32-37 頁。

凌廷堪 c1811『燕楽考原』（『国学基本叢書』、上海：商務印書館、1937 年刊所収）。

王光祈 c1930『西洋音楽史綱要』上下巻、上海：中華書局。

——— c1931『中国音楽史』上下巻、上海：中華書局。

——— 1936「王光祈旅徳存稿」（『民国叢書』第 5 編・第 75 冊、上海：中華書局、1996 年刊所収）。

『周礼』先秦（鄭元（注）・陸徳明（音義）・賈公彦（疏）『附釈音周礼注疏』坿挍勘記、南昌：江西南昌府学、1816 年刊）。

朱載堉 c1584『律学新説』（『景印文淵閣四庫全書』、台北：台湾商務印書館、1983-1987 年刊所収『楽律全書』）。

——— c1596『律呂精義』内篇・外篇（同上）。

——— c1606『楽学新説』（同上）。

——— c1573-1619『操縵古楽譜』（同上）。

——— c1573-1619『郷飲詩楽譜』（同上）。

——— c1573-1619『旋宮合楽譜』（同上）。

コラム vol. 5

台湾の讃美歌にみる文脈化

劉麟玉

はじめに

　基督教[1] 音楽が台湾に伝わってきた歴史は 17 世紀の大航海時代に遡ることができます。オランダが台湾南部を支配していた時期（1624-1662 年）にはプロテスタント[2] の宣教師が、またスペインが台湾北部を占有していた時期（1626-1642 年）にはカトリック宣教師が布教の際に教会音楽を用いたという記録が残っています。しかしそれによって、教会音楽がどれほど定着したかは現時点ではわかっていません[3]。

　基督教音楽が再び台湾に渡来したのは 1859 年以降のことで、カトリック教会の聖ドミニコ会の布教がその始まりです[4]。他方、プロテスタント教会は 1865 年に英国長老派教会[5] が、1872 年にはカナダ長老派教会の宣教師が台湾にわたり、宣教活動を展開しました。いずれの教派も養成所や学校を建設し、音楽を教えたと先行研究では述べられています[6]。以来、基督教音楽は台湾に根付き、1895 年から日本が台湾を植民地として領有した時代にも存続され、1945 年以降の戦後にも伝承されます。本コラムは、日本統治下の台湾（1895-1945 年）における長老教会の教会音楽に焦点を当て

1　台湾ではキリスト教を「基督教」と漢字表記するため、また、本文で取り上げている 1930 年代の日本においても同様に「基督教」という表記が使用されていたことから、本文では地域性と時代性を考慮し、あえて漢字表記を採用した。

2　キリスト教は、イエス・キリスト（Iesus Chrestus、紀元前 4 年頃 - 紀元後 28 年頃）の人格と教えを中心とする宗教である。カトリック教会とプロテスタント諸教派に分かれており、日本ではそれぞれ旧教と新教と呼ばれる。なお、旧教は一般的に、ローマ教皇を首長とし、ローマ・カトリックの正統教義を信奉するローマ・カトリック教会を指す。

3　郭 1986、5-12 頁；大国 1941、79-80 頁など。

4　大国 1941、111-137 頁。

5　長老派は、プロテスタント教会の一派である。フランスの宗教改革者カルヴァン（Jean Calvin, 1509-1564）が始めた教派で、長老と教職者の同権を提唱し、長老を神の言葉の宣布者と位置づけている。

6　前掲書、290 頁；郭 1986、16-21 頁。

129

て、その歴史に西洋音楽の和声理論がどのように反映されたのかを解明する
試みです。

1. 台湾基督長老教会の讃美歌──『IÓNG-SIM SÍN-SI（養心神詩）』から『Sèng Si（聖詩）』[7] へ

　日本と同様、台湾でも基督教の教派によって典礼[8] で歌われた歌は区別されています。カトリック教会の場合は「聖歌」と称し、他国のカトリック教会と同様にラテン語でグレゴリオ聖歌[9] を答唱や交唱[10] などの形で歌ったと考えられます。また、プロテスタント教会の「讃美歌」の場合は、1517 年のルターの宗教改革以来、各国・地域の言葉で讃美する歌が多く作られました[11]。台湾の教会も例外でありません。現在の台湾長老教会の讃美歌集には、欧米の讃美歌に加え、台湾や日本などのオリジナル曲が含まれており、その基本の様式は四部合唱です。

　台湾に讃美歌集が導入された経緯は少し複雑でした。その源は中国大陸の広東省広州で使われた広東語讃美歌集『養心神詩』（30 曲）とされています。この讃美歌集は 1814 年に英国長老派教会のロバート・モリソン牧師によって編集されたものですが、後に閩南語[12] に訳され、さらに新しい讃美

7　当時の讃美歌集『IÓNG-SIM SÍN-SI』と『Sèng Si』の初版には漢字表記が使われていないが、漢字で表記する場合は『養心神詩』と『聖詩』となる。読みやすさを考慮して文中では漢字表記を用いる。

8　キリスト教では、イエスが最後の晩餐でパンと葡萄酒を自分の体と血に喩えた言葉に基づき、現在でもイエスを記念して教徒に葡萄酒を分け与える聖餐式が行われている。この儀式を含む典礼は、カトリック教会では「ミサ」、プロテスタント諸教派では「礼拝」と呼ばれる。

9　グレゴリオ聖歌はローマ・カトリック教会のラテン語典礼文を歌詞とする単声聖歌の中で歌われてきた聖歌のこと。

10　カトリックの典礼音楽の多くは聖書の「詩篇」に基づいており、「詩篇唱」と呼ばれる定式で唱和される。詩篇唱には、単純詩篇唱、答唱詩篇唱、交唱詩篇唱の 3 種類がある。答唱詩篇唱（レスポンソリウム）は 1 人または少数の先唱者が歌う詩篇本文を主軸とし、その各節ごとに会衆が短い単純な答唱句で呼応する。「応唱」とも呼ばれる。交唱詩篇唱（アンティフォナ）は、詩篇などを唱和する際に 2 組に分かれて交互に歌う方式（野村 1983、68 頁；土屋 1983、2790 頁。また、下記のインターネット版百科事典も参照。「詩篇」『改訂新版世界大百科事典』https://kotobank.jp/word/詩篇；「レスポンソリウム」『ブリタニカ国際大百科事典』https://kotobank.jp/word/れすぽんそりうむ；「アンティフォナ」『ブリタニカ国際大百科事典』https://kotobank.jp/word/あんていふおな；2024 年 11 月 12 日閲覧）。

11　秋岡 2007、3 頁。

12　「閩南語」の「閩」は、中国大陸の福建省を指す略称。閩南語は古代の漢語を基にした言語であり、中国の上古・中古時代に大陸の中原地域から福建省に移住した人々の言葉が、現地

コラム vol. 5　台湾の讃美歌にみる文脈化

歌が加えられ、福建省厦門の教会で歌われました。この讃美歌集は1865年に台湾に渡ったイギリス宣教師により用いられるようになりましたが[13]、用いられるようになった理由は福建省の南部から台湾に移民した台湾漢民族の言語と通じていたからです。しかし、その讃美歌集は歌詞のみであり、楽譜がついていません。1900年にウィリアム・キャンベル牧師が『養心神詩』をベースに新たな讃美歌を加えて『聖詩歌』（122曲）という台湾初の讃美歌集を編集しましたが、この讃美歌集にも楽譜の記載はありません[14]。その後、『養心神詩』と『聖詩歌』が台湾の教会でもよく歌われるようになったようですが、楽譜付きの『聖詩歌』が刊行されたのは1914年のことで、それらの讃美歌がすでに四部合唱として記譜されていることが江玉玲の著書で確認できます[15]。さらに1926年の台湾では『聖詩』という讃美歌集が刊行され、欧米の讃美歌だけでなく、台湾のオリジナル旋律も取り入れられています。

2.　オリジナル台湾讃美歌の誕生とその音楽様式

　音楽学者で牧師でもある駱維道（ロイト）（1936-）は、『聖詩』に掲載されているのは6曲の「平埔族」の歌で、教会が現地の文化背景を文脈化（contextualization）[16] する1つの試みであると説明しています[17]。平埔族とは台湾先住民族のうち、平地に住んでいる複数民族の総称です。平埔族に関する記述は400年前から複数の歴史文献に記録されています。平埔族は、後に台湾に

の言語と融合して福建省南部で形成された方言の一つ。現在は台湾、中国大陸の福建省南部、浙江省南部、海南島などに地域で話されている（台湾教育部重編国語辞典修訂本ウェブ版項目「閩」、「閩南語」を参照。https://dict.revised.moe.edu.tw/dictView.jsp?ID=1477; https://dict.revised.moe.edu.tw/dictView.jsp?ID=31964；2024年11月10日閲覧）。

13　江 2004、29-31頁；陳 2009、28-29頁。

14　陳 2009、30頁。

15　江 2004、112-114頁。

16　「文脈化」という言葉は1970年代からキリスト教神学において頻繁に用いられるようになり、特にアジア神学が文脈化神学の主な担い手となりつつある。現在、この言葉は民族的なアイデンティティを自覚的に模索し表現する試みを意味しており、それぞれの地域が「キリスト教」という外来宗教を受容する過程で、その土地や民族固有の文化をいかに取り入れるかを示す（森本 2005、25-28頁）。ちなみに台湾では「処境化」と訳されている。

17　駱 2023、4頁。

やってきた漢民族と接触する機会が多く、漢民族による弾圧、婚姻関係など様々な理由で漢民族に同化していたとされています[18]。

『聖詩』に掲載された6曲の曲名は（1）「上帝創造天及地」（1番）、（2）「真主上帝造天地」（2番）、（3）「咱人性命無定著」（131番）、（4）「世人紛紛罪惡多端」（48番）、（5）「導到天堂永活所在」（107番）、および（6）タイトルを伴わない補足用旋律が1曲（8番）です[19]。各曲名の後に記載されている1番や131番などは、『聖詩』に記載された配列順の番号を表しています。1920年頃に基督教信仰が平埔族にある程度浸透し、駱維道の父で牧師であった駱先春（1905-1984）が1928年に平埔族出身のクリスチャンが自作した単旋律の讃美歌を記録したこともあったようです[20]。

『聖詩』に掲載された6曲は同讃美歌集の他の歌と同様に主旋律の簡易楽譜が付き、移動ド唱法のローマ字表記の "s, l, m" などを用いて示されています。また、それらの旋律はすべて「ド・レ・ミ・ソ・ラ」の5つの音しか用いられていませんが、漢民族の五音音階（図1）と異なる旋律の進行になっていることが分かります。さらにそれらの歌の様式は、欧米の讃美歌と同様、主旋律の下方に和音が付けられ、四部合唱としても歌えるように書かれています。和音を付けた人物は不明ですが、当時の編集チームのうち唯一音楽科出身で作曲を専攻したマーガレット・ガウルド宣教師の可能性が高いと駱は推測しています[21]。

平埔族の旋律は調性音楽ではありませんが、それでも和音を付けて四部合唱の形にしたのは、長老派を含め、プロテスタント教会の宗教音楽の伝統を踏襲したからだと言えるでしょう。実際にそれらの歌の和音進行を分析してみるといくつかの特徴が見えてきます。まず、全体的に複雑な和音進行はほとんど使われていないということです。（5）「導到天堂永活所在」の讃美歌を除き、基本的に「T–S–T」「T–D–T」（T はトニック、D はドミナント、S はサブドミナントの略）の進行になるように作曲されています。また、

18　潘 1996、3-5頁。
19　駱 2023、4-6頁。
20　前掲書、6-17頁。
21　前掲書、6頁。

コラム vol. 5 台湾の讃美歌にみる文脈化

図1 漢民族五音音階の事例「救主耶蘇愛小子」(1964年版『聖詩』395番より)

「T-S-D-T」という機能和声の通例の進行に沿った例はないものの、「T-D-S-T」という、ドミナントにサブドミナントが続く異例の進行がみられました（図2の四角で囲った2か所；TDSの補足は本コラム執筆者による）。曲調に配慮してそれに相応しい和音を付けるという試みだったのかもしれません。一方、「48番」のように和音の進行によって本来のエキゾチックな曲調が機能和声の中に隠れてしまった例もあります（図3）。「48番」の主旋律は宜蘭で採譜されたものであり、その旋律線を見ればわかるように、漢民族の五音音階や西洋の調性、和声とは無縁で、独自の音符の運び方で歌われています。しかし、旋律にはない変口音（○で囲った箇所）が和音に登場することで、その独特の旋律が薄れ、長調の音楽になっています。1937年に『聖詩』が改版された後、1926年版のオリジナル讃美歌のうち、（1）から（3）の3曲は残され、今でも台湾で歌われています。

図2 「T-D-S-T」の和音進行（107番）

図3 曲調が機能和声に隠されたオリジナル旋律（48番）

コラム vol. 5 台湾の讃美歌にみる文脈化

4. 讃美歌のローカライゼーション──台湾人創作の讃美歌の誕生

　他方、1937 年版の『聖詩』に台湾人が創作した讃美歌が初めて掲載されました。台南神学校出身の牧師、鄭溪泮（テェンケーポァン）（1896-1951）が 1927 年に創作した「聖子耶穌従（対）天降臨（シェンキャンヤーソートゥィティンカンリム）」（変ニ長調）[22] と台北神学校出身の牧師、駱先春の作品「至聖的天父、求你俯落聽（ジーシェンエティンペーギュウリーアーロッティアン）」（1931 年、ト長調）、「求主教示阮祈禱（キュウツーカーシーグァンキートー）」（1935 年、変イ長調）の 3 曲です。彼らはいずれも 1926 年版『聖詩』の編集委員でした[23]。また、駱先春は台北神学校卒業後、日本の神戸中央神学校に進学し、同学校を卒業した人物です。彼らの作品はいずれも長音階で作曲された四部合唱で、その作曲技術は神学校で学んだと推察されます。現段階では、駱先春の作品の和音は本人が付けたものであると判明しています。また、2 曲とも「T-D-S-T」の和音進行が確認でき、さらに、ダブルドミナント（ドミナントのドミナント）が多用されていることも分かります[24]。西洋音楽の観点で見ると、2 名の台湾人の讃美歌の旋律のほうが、1926 年の平埔族の旋律による讃美歌より、欧米の讃美歌にさらに近づいた作品であるように思われます。

おわりに

　上述した 1920 年代から 1930 年代までの台湾オリジナル讃美歌は、先住民の音楽によるものを含め、四部合唱の形をとっていたことが分かります。欧米から派遣されてきた宣教師らがこれを讃美歌のあるべき姿としたからでしょう。その流れが 1945 年以降の台湾の讃美歌にも影響を与えたようです。しかしながら、最新の『聖詩』（2009 年）が示すように、一部の新しい讃美歌、とりわけ先住民の音楽やアジア諸国の音楽に由来した讃美歌の中に歌が四部合唱の形を取らず無伴奏や伴奏付きの単旋律で歌われるものも多く存在しています。それは 1970 年代以降、教会がさらに当地の音楽

22　陳 2009、39 頁。
23　駱 2017、40 頁。
24　駱先春が自ら和音を付けたという説、および 1937 年版の楽譜は、駱維道氏から提供されたものである。なお、和音分析は本コラム執筆者が行った。

のコンテクストを尊重して、むやみに和音をつけないという新たな讃美歌の文脈化を意識的に推進した結果と言えるでしょう。

引用文献

秋岡陽 2007「キリスト教音楽の歴史——賛美歌の歴史をふりかえる」『キリスト教学校教育』第9号、3頁。

大国督 1941『台湾カトリック小史』台北：杉田書店。

土屋吉正 1983「レスポンソリウム」『音楽大事典 第5巻』下中弘（編）、東京：平凡社、2790-2791頁。

野村良雄・土屋吉正 1983「アンティフォナ」『音楽大事典 第1巻』下中弘（編）、東京：平凡社、68-69頁。

森本あんり 2005「文脈化神学の現在——「アジア神学」から見た「日本的キリスト教」解釈の問題」『宗教研究』第79巻3号、653-675頁。

陳建銘 2009「台湾基督長老教会聖詩溯源」『真理大学人文学報』第8期、21-72頁。

江玉玲 2004『聖詩歌——台湾第一本教会聖詩的歴史溯源』台北：台湾基督教文芸出版社。

郭乃惇 1986『台湾基督教音楽史綱』台北：基督教橄欖文化事業基金会。

駱維道 2016「駱先春与台湾聖詩」『駱先春牧師記念文集』駱維道・駱維仁（編）、花蓮：台湾基督長老教会玉山神学院、152-165頁。

—— 2017「台湾両首聖詩『上帝創造天及地』与『真主上帝造天地』之朔源」『神学与教会』第42巻第1期、30-53頁。

—— 2023「台湾平埔聖詩的歴史遺跡与新貌」聖詩西拉雅訳本分享会発表原稿、11月12日、台湾左鎮基督長老教会（未刊、総ページ数：24）。

潘英 1996『台湾平埔族史』台北：南天書局。

台湾基督長老教会大会聖詩編集部（編）1926『Sèng Si』台北：教士会書房；台南：台南新楼書房。

謝辞：本文の作成に当たっては、音楽学者の駱維道氏、作曲家の大曽根浩範氏、ピアニストの鈴木啓資氏からご教示を賜りました。ここに厚く御礼申し上げます。

コラム vol. 6

プリングスハイムの調性観

西原稔

はじめに

　クラウス・プリングスハイム（1883-1972）は、もっぱら 1931 年にドイツから来日して東京音楽学校で音楽教育に従事し（☞第 2 章）、「管弦楽のための協奏曲」作品 32 を作曲・初演して大きな話題になったことで知られています。この作品では「日本的旋律」を用い、その旋律を独自に和声づけするだけではなく、その「日本的和声」を論文として発表したことも大きな話題になりました。

　プリングスハイムがパウル・ヒンデミット（1895-1963）を評価し、アルノルト・シェーンベルク（1874-1951）を批判したのは調性の問題をめぐってです。彼はヒンデミットを、ヨハネス・ブラームスやマックス・レーガーの路線に位置づけ[1]、調的な表現を彼が遵守している点を評価します。それに対してシェーンベルクの無調や 12 音技法を「人間外的音楽」（Pringsheim 1926b, 102）として、人間性に反するという理由で批判しました。彼のヒンデミット擁護とシェーンベルク批判はどのような理論的な根拠に基づいて展開されたのでしょうか。

1.　プリングスハイムのヒンデミット論

　ヒンデミットは多彩な顔をもった作曲家です。プリングスハイムはヒンデミットの作品の特に「実用音楽 Gebrauchsmusik」と「日常性」に注目しました。彼は「クールプファルツから来た狩人」作品 45-3 を取り上げて、多くの人々が楽しめる社会的な実用性を評価し、時事オペラ「今日のニュー

1　Pringsheim 1930.

ス」では「日常のリアリティとの繋がり。新しい表現とはこのことである。音楽は使用物となる。『芸術』、それは大仰で、いやな語だ」（Pringsheim 1929）と述べて、むしろ伝統的な芸術概念へのアンチテーゼとしてこの作品を位置づけます。

プリングスハイムがヒンデミットの『作曲学入門』に強い関心をもち、この書物に対する論考を準備していたことは、指揮者ヨーゼフ・ローゼンシュトック（1895-1985）がその『回想録』のなかで、「氏は多分に誇大な『作曲法教程』〔『作曲学入門』〕への反論を書いておられた。プリングスハイム氏の才気縦横なこの論文が刊行されたかどうかは知らないが、もし刊行されていなかったら、それは大きな損失である」（ローゼンストック〔ローゼンシュトック〕1980、90 頁）と述べていることから推察されます。

プリングスハイムは、1939 年に「ヒンデミットの新しい学説」という記事を『音楽評論』に寄稿しました。ここでのプリングスハイムの主たる関心は、微細な音程に関する音響学的な理論です。そのため、ヒンデミットが「ピュタゴラス音律」（☞コラム vol. 2）の３度が「自然３度」よりも高すぎること（音程の微小な差は「コンマ」と呼ばれます）を理由に最初から除外した点への論及からこの記事は始まります（プリングスハイム 1939、49 頁）。彼はこう述べます。「我々は音の近親関係を避けることは出来ない。〔中略〕故に調的関係なしの音群の創造は全く不可能である。〔中略〕無調的な、音の近親関係を否定する様な音楽は存在し得ないと云ふ確信に誰れでも達し得なければならない」。プリングスハイムが音律論に深く拘泥するのは、この音律論の体系の上に調的な和声が構築されていると考えていたからです。

プリングスハイムはヒンデミットの音楽について、「彼は時代を固定的な十二音体系及び其れの誘惑的な禍から救ふと同時に此の同じ体系の範囲内に於いて発展され得たクロマーティックを以て新たに此の時代に呈したいのである」（前掲書、26 頁）と述べて、ヒンデミットにおいて半音階が新たな意味を獲得したことを述べます。

2. プリングスハイムのシェーンベルク批判と調性用語

　プリングスハイムのヒンデミット論はシェーンベルク批判と一体でした。むしろ、彼はヒンデミットの和声を音律論に遡って考察することで、それを自身のシェーンベルク批判の土台としたとも言えます。

　プリングスハイムのシェーンベルク批判は、来日前のベルリン時代から始まっています。その批判をもっとも集約したのが、1926 年に彼が雑誌『ヴェルトビューネ』に寄稿した 3 本の批評記事です。その記事は「新音楽？」というタイトルで、その第 1 編は「無調主義者」、第 2 編は「客観主義者」、第 3 編は「機械化」です（Pringsheim 1926a, 1926b, 1926c）。プリングスハイムは社会と音楽の密接な関連性を重視しましたが、シェーンベルクの音楽に彼はその関連性を見出すことはできませんでした。

　プリングスハイムがシェーンベルク批判の論拠として取り上げたのが音律論です。この音律論は上に述べたヒンデミット論で彼が展開した「コンマ」の理論と密接に結びついています。彼は『スイス音楽新聞』に「ヘルムホルツ[2]とシェーンベルクの間で」を寄稿します。この記事において彼はシェーンベルクの 12 音音列を「単なる 12 の音度の擬似体系」（Pringsheim 1956, 385）であり、異名同音を同一視することを強く批判します。その論調は平均律への批判も含まれており、ピュタゴラス・コンマやシントニック・コンマ（平均律では生じないがピュタゴラス音律や純正律では生じる音程差）にも言及します。この論文では、彼はドミナントを軸とした独自の和声体系を述べ、「3 つのドミナント・サークル」として、V － I － IV － VII 度と 5 度ずつ下行する「5 度サークル」、V － VI － VII 度と 2 度ずつ上行する「2 度サークル」、V － III － I 度と 3 度ずつ下行する「3 度サークル」を提示し、このサークルを彼は「自然な『音組織』」と名付けました（Ibid., 388）。

　「調性という法典を、音楽の主要な断固たる法則として宣言する我々の感情を正しいと認めるのなら、我々の自然な感性は正しいと認められる」

　2　ヘルマン・フォン・ヘルムホルツ（1821-1894）はドイツの物理学者・生理学者。

（Pringsheim 1926a, 64）という、調性音楽こそが人間の感性に即している
というこの主張は、調性音楽を擁護したスイスの指揮者エルネスト・アンセ
ルメの主張と似ています[3]。

　1937 年の雑誌記事「理論家シェーンベルク」では、プリングスハイムは
次の言葉で論を締めくくります（プリングスハイム 1937、18–19 頁）。「調
的和声法の世界からアーノルト・シェーンベルクの音楽への通路があるであ
ろうか？私は未だ何れの道もみ出だされてゐないことを公言しよう。〔中略〕
彼の理解してゐない『古い世界』から、彼の『新しい』世界への道をしめす
ことが如何にして彼になし得るか？」

おわりに

　この小論ではプリングスハイムの思想をヒンデミット論とシェーンベルク
論を通して取り上げました。プリングスハイムは、初期はリヒャルト・
ヴァーグナーやグスタフ・マーラーの影響を受けて半音階的な和声を用いた
作品を作曲し、その後ヒンデミットの影響を受けた弦楽三重奏曲の編成の
「小組曲」作品 29 を、さらにクルト・ヴァイルの影響のもとに「4 つの労
働歌」作品 31 を作曲しています。来日後に、2 台のピアノとチェレスタを
用いた「管弦楽のための協奏曲」作品 32 を、その後同じく日本的な旋律を
用いて「興亜行進曲」を作曲しています。

　彼はこれらの創作において一貫して調的和声と伝統的な対位法を遵守し、
調的な表現の可能性を追求しました。彼がシェーンベルクを強い論調で批判
したことをもって保守的な評論家と断ずることは適切ではありません。むし
ろ、調性の原理を音響学に遡って再構築しようとつとめ、その具現を求めた
ことを今日、どのように評価すべきかが重要なのではないでしょうか。

引用文献

Ansermet, Ernest Alexandre. c1987. *Les fondements de la musique dans la conscience
　　humaine*. Neuchâtel: Editions de la Baconnière.

3　Ansermet c1987.

コラム vol. 6　プリングスハイムの調性観

Pringheim, Klaus. 1926a. "Neue Musik? Die Atonalen," *Die Weltbühne*, 12. Jan. 1926, 64-68.

―― 1926b. "Neue Musik? Die Objektiven," *Die Weltbühne*, 19. Jan. 1926, 102-105.

―― 1926c. "Neue Musik? Mechanisierung." *Die Weltbühne*, 26. Jan. 1926, 144-148.

―― 1929. "Neues vom Tage. Hindemith=Uraufführung in der Republikoper," *Vorwärts*, 9. Juni 1929, Nr. 265, 46. Jg.〔ページ数の記載なし〕

―― 1930. "Alte und neue Musik," *Der Abend*, 28. Nov. 1930, Nr. 558, 47. Jg.〔ページ数の記載なし〕

―― 1956. "Zwischen Helmholtz und Schönberg," *Schweizerische Musikzeitung. Revue musicale Suisse*, 96. Jg., 385-391.

プリングスハイム、クラウス 1937「理論家シェーンベルク」訳者不詳、『音楽研究』第3巻1号、1-19頁。

―― 1939「ヒンデミットの新しい学説」『音楽評論』第8巻3号、49-56頁。

ローゼンストック、ジョゼフ〔ローゼンシュトック、ヨーゼフ〕1980『ローゼンストック回想録』中村洪介訳、東京：日本放送出版協会。

───── 第5章 ─────

新しい調性理論を構築する
── 5度をめぐる思考 ──

柿沼敏江

❧ はじめに

　西洋音楽は 19 世紀末から 20 世紀にかけてしばしば調性が不安定となり、時には調性が分からない状態（「無調」と呼ばれることもあります）に陥りました。半音の使用が増え、オクターヴの 12 半音全てを使う可能性がひらけたことで、大きな変革が起きたとも言われてきました。しかしながらその一方で、18-19 世紀の調性とは異なる、あるいはそれに代わる新たな調性体系や音組織の構築に向けた作業が、理論的、実践的に進行していたことも事実です。たとえばパウル・ヒンデミット（1895-1963）は、自然倍音列から説き起こし、倍音をもとにした独自の理論によって、アルノルト・シェーンベルク（1874-1951）の 12 音技法による作品を調性的な音楽として読み直しました[1]。イゴール・ストラヴィンスキー（1882-1971）はオクタトニック（八音音階）[2]などを用いて、またダリウス・ミヨー（1892-1974）は異なる 2 つの調性を同時に重ねる複調を用いることによって新たな響きをつくり出し、従来の調性の領域を拡大しました。ただ、こうして新たな調性体系を模索するなかでも、オクターヴを構成する 12 半音全てが利用できる音素材として揃ったことは、やはり考えなくてはならない問題でした。12 半音は無視できない現実の光景として、作曲家たちの目の前に広がっていたのです。

　では、西洋音楽を導入した日本における創作や理論の状況はどのように展開したのでしょうか。日本音楽には和声がないという認識から、日本の和声

───────────────

1　ヒンデミットはシェーンベルクの「ピアノ曲作品 33a」（1929 年）を自らの理論によって和声分析した（Hindemith 1937, 254-256）。
2　半音と全音を交互に配置した音階で、オクターヴ内に 8 個の音がある。ストラヴィンスキーの作曲の師リムスキー＝コルサコフがしばしば用いたため、「リムスキー＝コルサコフ音階」とも呼ばれる。

第5章　新しい調性理論を構築する

については様々な実践が試みられ、理論的な考察や議論が行われました。またシェーンベルクについては比較的早い時期に知られるようになっており[3]、12半音をどう採り入れるのか、また調性を維持すべきかどうかは検討すべき問題となっていました。ここではそうした課題に取り組んだひとつの事例として、作曲家、箕作 秋吉の五度和声理論をとりあげます。またこの理論を戦後アメリカのジャズ理論、ジョージ・ラッセルの「リディアン・クロマティック・コンセプト」と比較することによって、20世紀の音楽理論と創作において何が問題とされていたのかを考えてみたいと思います。日本の音楽理論とアメリカのジャズ理論は大きく隔たりがあるように思われるかもしれませんが、意外にも共通する点があります。箕作の理論もラッセルの理論も、ともに5度を根幹に置いて考案されているのです。5度を基盤としたこれら2つの理論を比較、考察することによって、20世紀において、どのような考えから新たな音楽理論がつくられていったのかを探ってみたいと思います。

●1　音律と音楽の基礎としての5度

　それぞれの理論を見るまえに、まずは5度の音程とはどのようなものかを見ておきましょう。

　5度はオクターヴに次ぐ協和音程で、世界的に見ても音楽の基本となる音程です。また自然倍音列[4]においても、5度はオクターヴの後に続く第3倍音として出現するため、重要な音程だと考えられてきました。この音程を支えとする音楽や音楽理論は、広く世界中に見られますが、5度に基づかない音楽もあるため、音楽にとって必須の普遍的な要素というわけではありません[5]。

3　大田黒元雄が大正4（1915）年に『バッハよりシェーンベルヒ』で紹介している。箕作秋吉も昭和5（1930）年に「シェーンベルヒの和声学」を書いた（箕作1930a）。

4　自然倍音列とは、一つの音を鳴らしたときに自然現象として同時に鳴る音の列のことである。フランスの音響学者ジョセフ・ソヴールが1701年パリ王立アカデミーにおいて論文で発表し、知られるようになった。

5　フィリピンの作曲家で民族音楽学者のホセ・マセダは、5度は重要な音程であるとしながらも、5度音程に基づかない音楽もヨーロッパとアジアに見られることを指摘している（Mace-

143

5度の音程をもとにして音律を定めるやり方は、古代から行われていました。中国の戦国時代の末期に古今の叡智を集めて編纂された書物『呂氏春秋』（紀元前239年完成）の第5巻の一節「古楽」には、黄帝が伶倫（楽人）に命じて竹で基本となる管（律管）をつくらせ、12の音律を定めたことが記されています[6]。同じ『呂氏春秋』の「音律」の節には、三分損益法[7]についても説明されていることから[8]、伶倫が三分損益法によって12の音律を定めたのではないかと考えられています。

　この5度による調律の方法については、もともとは西アジアで行われていたとも言われています。『呂氏春秋』では伶倫が大夏（中央アジアの一地域）の西から崑崙山の北に赴き、嶰谿の谷で竹を取ったとされていますが、この場所は西アジアのバビロニアではないかと考えられています。バビロニアにおいて行われていた調律の方法が、東方の中国へ、そして西方のギリシアへと伝来したというのです[9]。

　ローマ時代の学者ボエティウス（480頃-524）は、ピュタゴラス以前にもオクターヴや5度、4度が協和音程であることは分かっていたものの、どのような比率によって協和音程が生まれるかを発見したのは、ピュタゴラスが最初だとしています[10]。しかしピュタゴラスはエジプトとバビロン（バビロニアの中心都市）に滞在したことがあると言われており[11]、これらのいずれ

---

　　da 1994, 87-88）。

6　楠山 1996、134-137 頁。

7　三分損益法とは、律管の長さを3等分し、その1つ分を損じて（3分の2の長さにして）完全5度上の音を導き、その1つ分を益して（3分の4の長さにして）完全4度下の音を導くことによって12の音律を生み出すやり方で、古代ギリシアのピュタゴラス音律と実質的に同じ仕組みである。

8　前掲書、146-149 頁。

9　ドイツで比較音楽学を学んだ中国の音楽学者、王光祈（1892-1936）は、黄帝がバビロニアの音楽制度を学ぶように伶倫に命じたと推察した。つまり王は、中国音楽の源流を東西の音楽文化が未分化であった時期と場所に求め、その後その音楽制度が中国とギリシアに伝承されていったと考えたのである（田中 2014、45-46 頁：☞第4章）。バビロニアは古代オリエント文明の中心地であり、『アッシリア学・近東考古学事典』によると、当地の数学や幾何学は紀元前1000年代後半になるとエジプト、ギリシア、インド、中国に伝えられた（Friberg 1990, 580）。古代メソポタミアの都市ウル（現在のイラク南部）からは古代バビロニア期の弦楽器リラとともに楔形文字で音階を記したタブレット（紀元前1800年頃）も発見されており、当時の理論は古代ギリシアに伝えられたとされている。（Kilmer 1998）。

10　ボエティウス 2023、106 頁。

11　イアンブリコス 2011、22-25 頁。

144

かの地でこの音律について知った可能性もあります[12]。ことの真偽は定かではありませんが、いずれにしても、5度の音程をもとにした同様の音律理論がアジアとヨーロッパに共通してあったことは興味深い事実と言えます。

・5度から生まれる日本の音階

　三分損益法を用いると、ド・ソ・レ・ラ・ミの5音が得られますが、これらを低い方から並べると、ド・レ・ミ・ソ・ラの5音になります。この5つの音は宮・商・角・徴・羽の五音（五声）で、これらを並べたものを呂音階と言います。この音階に角の完全5度上の音（変宮）を加え、その変宮の完全4度下の音（変徴）を加えると七音音階、呂の七声となります（五線譜に対応させて表すと図1a）。この呂音階をもとにして、律音階がつくられました。呂音階の角を半音上げて律角とし、宮と律角の音程を完全4度としました。さらに律角の完全4度上の嬰羽、嬰羽の完全5度下の嬰商を加えると、律の七音音階、律の七声となります（五線譜に対応させて表すと図1b）。呂音階と律音階は主に日本の雅楽で用いられる音階ですが、ここには三分損益法による5度と4度が重要な関わりを持っていることがわかります。

宮　　商　　角　　変徴　徴　　羽　　変宮　宮

図1a　呂音階（七声）

宮　　商　　嬰商　律角　徴　　羽　　嬰羽　宮

図1b　律音階（七声）

・ヨーロッパの音階と5度

　西欧の中世では8つの教会旋法（正格旋法4つと変格旋法4つ）が整えら

12　田辺尚雄は5度による調律法はエジプトもしくはインドから古代の中国とギリシアに伝わった可能性があると推察している（田辺 2014、166頁）。

145

れ、正格旋法では終止音（フィナリス）の5度上に保続音（テノル）が置かれました。教会旋法はグラレアヌスの『ドデカコルドン』（1547年）において12種類へと増やされますが、教会旋法とは別に、17世紀頃からしだいに近代的な調性体系が整えられ[13]、18世紀になると長調、短調による24種類の調性と音階とが確立することになります。この調性体系は和声的にはⅠ→Ⅴ→Ⅰ度という5度の進行を基本的な骨組みとしていますが、音階についてはいくつかの説明が試みられてきました。

　純正5度を積み重ねると全音階が生まれますが、これは「ピュタゴラス音階」と呼ばれています。この音階はF音（ヘ音）から始まる完全5度の連鎖によって導き出され、9:8の比率を持つ5つの全音と256:243の比率を持つ2つの半音からなります。5度を重ねることによって英語音名でF c g d' a' e" b" という音列が生まれ、これを1オクターヴ内に入れるとピュタゴラス音階（C, D, E, F, G, A, B）になるのです[15]。

　ベルギーの音楽学者で作曲家のフランソワ＝オーギュスト・ジュヴァール（フランス・アウフスト・ヘファールト、1828-1908）は、「理論においても実践においても5度は音階を生む」と述べ、fa音（ヘ音）を起点として5度を連鎖させることによって音階を説明しています。フランス語音名でfa（ヘ）→ ut（ハ）→ sol（ト）→ ré（ニ）→ la（イ）→ mi（ホ）→ si（ロ）と5度ずつ上行することによって、ハ長調の音階 ut, ré, mi, fa, sol, la, si（ハ・ニ・ホ・ヘ・ト・イ・ロ）が導き出せることを示しているのです（Gevaert 1905, 5-10）。ジュヴァールはまた4度もしくは5度の連鎖による mi, la, ré, sol, ut（ホ・イ・ニ・ト・ハ）の5音の組み合わせによって、五音音階が生まれることも指摘していますが、その際にボエティウスを引用し、ピュタゴラスの理論に基づくリラの調律を参照しています[14]。

13　かつては教会旋法が近代的な音階へと発展したと考えられていたが、現在ではカトリックの典礼における晩課の詩篇唱に際して歌われる「詩篇唱定式調」がヨハン・マッテゾンの『新設のオルケストラ』（1713年）で論じられる24の長・短調のシステムへと統合されたと考えられている（Powers 1998；伊藤2021、130-135頁）。

14　Gevaert 1875, 3-4. なおジュヴァールの理論については、安川・張の論文で紹介されている（安川・張 2024、85頁）。

15　このように5度の連鎖によって形成される音階については、近年、同じ音程を循環させる「インターヴァル・サイクル」の理論によっても説明されている（スサンニ＆アントコレツ 2024、6頁）。「インターヴァル・サイクル」とは同一の音程を最初の音に戻るまで連続した

146

第5章 新しい調性理論を構築する

シェーンベルクは『和声学』（初版 1911 年）の第 4 章で、倍音列に基づいて長音階を説明しています。C 音（ハ音）の倍音列のなかで最も強いのは基音の C 音であり、次に強いのは C 音の 5 度上、第 3 倍音の G 音（ト音）です。G 音そのものも倍音を持っており、基音である C 音を前提としています。また C 音も同じように 5 度下の F 音（ヘ音）に依存しています。つまり C 音を真ん中に置いて、下に向かって F 音に引かれる引力と上に向かって G 音に引かれる引力とが発生するというのです（図 2a）。つぎに 5 度音程を介して相互に強く関連し合うこの 3 つの音、C 音、G 音、F 音それぞれの倍音の第 5 倍音までを並べています（図 2b；図 2 におけるアルファベット音名はドイツ語表記による）。

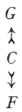

図 2a　C 音を中心とした G 音と F 音の引力の関係図

```
基音    倍音
 F      f      c . . f . a
 C             c      g      c      e
 G                    g      d      g      h
       ─────────────────────────────────────
        f      c      g a    d e           h
```

図 2b　CGF 各音の倍音とそこから導かれる音階（Schönberg 1922, 21-22）

これらの倍音を並べ替えると、c, d, e, f, g, a, h（ハ・ニ・ホ・ヘ・ト・イ・ロ）というハ長調の音階になるとシェーンベルクは説明しています。

西洋近代和声学の基礎を築いたジャン=フィリップ・ラモー（1683-1764）をはじめとして、理論家たちはしばしば自然倍音列を理論的根拠としてきました。シェーンベルクもまた、ハ長調の音階の構成について説明するため

時にできる音列のこと。

に、倍音列を独自のやり方でとりあげて説明したのです。ジュヴァールとシェーンベルクの説明は異なっていますが、5度に依拠した説明をしていることでは共通しており、5度という音程の理論的な重要性を示唆しています。

●2　箕作秋吉の五度和声理論

　箕作秋吉（1895-1971）は20世紀前半から後半にかけて活動した作曲家で、とくに「日本的和声」の理論で知られています。自らの理論を「日本的和声」として発表し、また海軍に所属する研究者であったことから、民族主義やナショナリズムの観点から捉えられることが多かったのですが、実は世界を意識したグローバルな視野を持っていたことが、近年明らかになってきました[16]。

　箕作は中学・高校時代から音楽に関心を持ってはいましたが、大学は工学部に入学し、応用化学科を卒業しました。その後渡欧し、ベルリンのカイザー・ヴィルヘルム研究所で物理化学の研究を行うかたわら、音楽の勉強を本格的に始め、プロイセン芸術アカデミーのゲオルク・シューマン（1866-1952）に和声法を学びました。大正14（1925）年の帰国後は海軍技術研究所に勤めながら、池内友次郎（1906-1991）らに就いて対位法を学ぶとともに、管弦楽法、編曲法、指揮法も習得しました。昭和5（1930）年に清瀬保二（1900-1981）らとともに新興作曲家連盟（日本現代音楽協会の前身）を設立し、後には国際現代音楽協会の支部として活動をするようになります。また国際音楽評議会（IMC）の国内委員会を設立し、初代委員長となりました。英語、独語、仏語で理論的な著作を書いて発表し、自らの理論を積極的に海外に発信しようという強い意欲と見識を持つ作曲家でした。

　箕作が考案したのが「五度和声理論」です。箕作は最初に発表した文章「国民音楽に就いて」において、「日本国民音楽を建設」しようとするなら、「どうしても日本的な和声と望み得べくは音階をも建設しなければならない」

16　安川・張（2024）は箕作の和声理論が民族主義やナショナリズムの文脈では捉えきれないものであることを論じた論文で、その点で従来の論文とは一線を画すものである。本章の記述もこの論文に多くを負っている。箕作理論の詳細についてはこの論文を参照されたい。

（箕作 1929、4頁）と述べ、新しい日本の音楽をつくるためには、三和音に基づく近代西洋の和声ではなく、独自の和声法を考案する必要があると主張しました。続く「再び国民音楽に就いて（一）」では初めて「五度和声法」という言葉を用い（箕作 1930b、5頁）[17]、以後晩年に至るまでこのテーマに関する数多くの文章を発表していくことになります。戦前から戦中、そして戦後にかけて書かれた文章間には多少の変化はあるものの、5度を根幹とした和声体系についての箕作の主張には揺るぎないものがありました。

　箕作の理論は没後出版された『和声体系発展の史的外観と日本・東洋の和声論』（1985年）にまとめられています[18]。箕作の五度和声理論は、端的に言えば田辺尚雄の日本音階論とフーゴー・リーマンの和声二元論（☞第3章）[19]、シェーンベルクの四度和音を総合してまとめ[20]、体系化しようとした理論で、数式を用いて理論化を行っているところに大きな特徴があります。箕作はクロード・ドビュッシー（1862-1918）の全音音階やダリウス・ミヨーの複調への関心を折り込みながら、12音音楽をどう捉えるかという問題へと進んでいき、最終的には東洋音楽の和声理論を独自の論点から確立しようとしました。ここでは独創的でユニークなこの理論を4つの項目に分けて見ていきたいと思います。

(1) 整数倍音列体系と整数冪音列体系

　箕作の五度和声理論の背景には、整数倍音列体系と整数冪音列体系という2つの異なる体系がありました。箕作によれば、整数倍音列体系は西欧の体系で、三度和声体系のことを意味します。また整数冪音列体系は東洋の体系であり、古来行われている5度に基づく体系を意味します。つまり箕作の五度和声理論は当然ながら、東洋の5度に基づく体系の系列になりますが、そ

17　安川・張（2024、84頁）の指摘による。
18　箕作の2つの論文「和声体系発展の史的概観――十二音音楽まで」（1954年）および「日本・東洋の和声について」（1948年）を主な論文として収め、これらの間に英語と仏語の論文を配置した論文集。
19　和声二元論とは、上方倍音列と下方倍音列から和音を抽出する考え方で、リーマンによってまとめられた（西田・安川 2019、第4章）。
20　箕作の理論が田辺尚雄、リーマン、シェーンベルクの総合であることは、藤嶋（2013、107頁）が述べている。

こには倍音列に基づく西欧の体系の影響を見ることができます。

箕作は倍音列に基づいて西洋の三度和音構成を、次のような図によって説明しています（図3；本節におけるアルファベット音名はドイツ語表記による）。

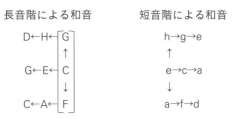

図3　CGF音上の三和音の関係（C音を主音とする長音階を構成する）とe・h・a音上の三和音の関係（e音を主音とする短音階e→d→c→h→a→g→f→eを構成する）（箕作1985、48頁）[21]

この図をよく見ると、シェーンベルクが倍音列に基づいて長音階を説明した時に用いた図とよく似ていることが分かります。前に出てきた図2a, bを参照してください。鉤括弧で示した部分は図2aと同じです。矢印は引力を示しています。シェーンベルクの2つの図を合体し、整理して示したものとも言えます。また箕作は、短調を長調と反対の側において構成するこの理論が、リーマンからきていると述べていますが[22]、これはリーマンの和声二元論のことを指しています。

整数冪音列体系は箕作の五度和声理論に大きく関わるものです。5度を表す音程比 $\frac{3}{2}$ の冪乗（累乗）に基づいているため、冪音列体系と呼ばれています。ここから引き出されるのが、日本の音階です。例えばC音から5度の音程を5回繰り返すと、呂音階（五声）が得られます（図4a）。図4bは律音階（五声）ですが、これは呂音階（五声）をG音から開始したものであり、またE音から5度を下方に5回繰り返したものとも考えられると箕作は述べています[23]。また図4cのようにC音から5度を7回繰り返してFis

---

21　この短音階は通常の西洋の短音階とは異なり、fがeに対して短2度下行する導音の働きをしている。
22　箕作1985、49頁。
23　前掲書、54頁。ここで5度下行（4度上行）をE音から繰り返す理由は述べられていない。

音までとると、呂音階（七声）になります（図1aも参照）。この音階が西洋の教会旋法のリディア調と同じであることを箕作は明確に述べています[24]。

図4a　呂音階（五声）　　　　　　　図4b　律音階（五声）

図4c　呂音階（七声）　　　　　　　＊数字は5度音程をとる順番

箕作によれば、西洋の長調にあたる陽調は、振動比が $(\frac{3}{2})^n$ で表され、短調にあたる陰調は $(\frac{3}{2})^{-n}$ で表されます。ともにn = 0, 1, 2, 3, …でnが0の場合は $(\frac{3}{2})^0 = 1$、つまり振動数比1となり、基音を表します[25]。箕作は陽調をポジティヴ側、陰調をネガティヴ側と呼んで、次の例を示しています（図5a, b）。

根音[26] = A　　　　　　　　　　　根音 = E

図5a　ポジティヴ　　　　　　　　　図5b　ネガティヴ（前掲書、55頁）

＊数字は5度音程をとる順番

    しかし前述のジュヴァールの本にはE音から始まる音列 mi la ré sol ut によって五音音階が生まれることが書かれてあり、同じ音階が譜例にも含まれている（Gevaert 1875, 3-4）。安川・張の論文が指摘しているように、ジュヴァールの別の理論書（Gevaert 1905）が菅原明朗によって『音楽世界』で紹介されており（菅原 1930）、この雑誌の同じ号に「シェーンベルヒの和声論」を寄稿した箕作がこの記事を読まなかったとは考えにくい。二人は新興作曲家連盟の同僚であったことからも、箕作が菅原を通じてジュヴァールの理論を知った可能性はないとは言えない（安川・張 2024、85頁）。

24　箕作 1985、12頁。
25　箕作は五度和声理論を $(\frac{3}{2})^n$ の数式による冪乗によってその後一貫して示している。またこの同じ式 $(\frac{3}{2})^n$ を東洋音楽に詳しい田辺尚雄が『物理学』の「音楽理論」（田辺 1930、40頁）で用いていることを報告している（箕作 1931b、86頁）。

そして東洋の和声体系にも西欧と同じように、陰陽2種類の和音が存在するとして、次のような図を挙げています（図6）[27]。

図6　陰陽2種類の和音による東洋の和声体系（前掲書、52頁）

西洋の三和音体系とは違って、ここでは5度に加えて2度音程が和音構成に大きく関わっています。箕作はこれらの図には2度が顕著に現れているところから、三度和声に対して「二度和声」と呼ぶ方が適切だと述べています（前掲書、53頁）。

2度については作曲家の早坂文雄（1914-1955）もその重要性を認めていて、次のように述べています——「日本の美意識による和声的構成は、要するに五度と二度、或ひは五度の中に含まれている二度といふものであってこういふ響きを私は日本和声の一つの特徴と見做してゐるのであります」（早坂 1941、36頁）。C音の5度上はG音で、その5度上はD音です。五度和声理論では、D音すなわち2度が5度についで重要な音程となります。C音上の倍音列では3度のE音が第5倍音として出て来る重要な音ですが、箕作によれば、五度和声理論では、3度は $(\frac{3}{2})^4 = \frac{81}{16} = 5\frac{1}{16}$ となり、つまり第5倍音とは異なる一種の不協和音程であって、日本和声にとってあまり重要な音ではありません[28]。長2度は3度と半音（短2度）の間をとる重要な音程だと箕作は述べています。長2度を特徴とする日本の音楽は、3度による全音階的な音楽と半音（短2度）を基本単位とする12音音楽の間を行くものであることを示唆していると考えられます。

26　根音とは和音の最低音のこと。なお基音とは倍音列など複数の周波数がある場合に、もっとも低い音を指す。
27　ここには四和音、五和音も挙げられているが、省略する。
28　箕作 1985、64頁。

(2) 四度和音、全音音階、複調

箕作は5度音程による体系が、中央アジアのある民族によって創案され、古代中国やギリシアへと伝えられたもので、3000年にも及ぶ歴史があることを述べています[29]。箕作はしばしばこのことに言及しており、5度音程が古来人間にとって基本的な性格を持つものであることを強調しようとしたと思われます。箕作の理論は田辺尚雄の『日本音楽講話』をもとに、日本的な和声の理論として考えられたものですが、初期の段階から日本に限定されるような性格のものではなく、一定の普遍性を希求するものとして考案され、国際的に通用する理論を目指していたと考えられます。実際に箕作は早い段階で「世界的和声」という言葉を使っていました（箕作1930c、31頁）。

箕作の五度和声理論の特徴とも言えるのが数式です。5度音程は3:2の比率で表されますが、この5度音程を連続して繰り返すことによって構成される音列を、箕作は次のような数式で示しています。

$$\text{C,} \quad \text{G,} \quad \text{D,} \quad \text{A,} \quad \text{E} \cdots.$$
$$\left(\tfrac{3}{2}\right)^0, \quad \left(\tfrac{3}{2}\right)^1, \quad \left(\tfrac{3}{2}\right)^2, \quad \left(\tfrac{3}{2}\right)^3, \quad \left(\tfrac{3}{2}\right)^4$$
$$\left(\tfrac{3}{2}\right)^n; \; n = 0, 1, 2, 3, 4 \cdots\cdots$$

この理論にとってもう一つ重要な関わりを持つのが、シェーンベルクの「四度和音」[30]です。シェーンベルクは『和声学』のなかで四度和音をとり上げ、「三和音体系は破綻」しているとしたうえで、四度和音は5度に基づく体系と同じであり、考えうるあらゆる和音に三和音体系以上に適応できるものであることを述べています（Schönberg 1922, 478）。箕作は四度和音が5度と同じ体系だという言葉に着目して、シェーンベルクの四度音列は五度和声の下行音列による和音であるとして、これを数式 $\left(\tfrac{3}{2}\right)^{-n}$ で表しています。そしてこれは「洋楽の短調に相当する五度和声のイマジナリー・サイドであ

29　前掲書、9-10頁。本章第1節でも述べたように、5度の音律の発祥の地については、西アジア、エジプト、インドなど諸説ある。

30　箕作は初めの頃は「四度和音」と言っていたが、音楽評論家の山根銀二から適切でないという指摘を受けて以降は「四度和音」「四度音列」という言い方に変えている（箕作1951、13頁）。

四度和音について

　近代西洋音楽において、和音は通常 3 度を積み重ねることによってつくられますが、4 度を積み重ねてつくられるのが四度和音です。こうしたやり方は、19 世紀末から 20 世紀の初めにかけて様々な作曲家たちによって試みられていました。エリック・サティ（1866-1925）は、4 度の堆積による和音を神秘主義的教団「薔薇十字会」のための劇音楽「星たちの息子」（1891 年）で用いました。この曲の第 1 幕の前奏曲は 4 度を積み重ねた和音の平行進行によって始まり、神秘的な雰囲気を漂わせます。四度和音はドビュッシーやポール・デュカ（1865-1935）も用いており、ミヨーも「フルートとピアノのためのソナティネ」作品 76（1922 年）で五度和音と組み合わせて使っています。またアレクサンドル・スクリャービン（1872-1915）の神秘和音も、様々な 4 度音程を重ね合わせた四度和音の一種です。

　シェーンベルクは『和声学』の第 21 章で四度和音を扱っています。ドビュッシーが使っているとは知らずに、自身の交響詩「ペレアスとメリザンド」（1903 年）と「室内交響曲」（1906 年）で四度和音を使ったことを述べています[1]。また様々な種類の四度和音について解説しています。

　日本では童歌などの採譜を行った作曲家の坊田寿真（1902-1942）が「新日本和声」として考案した和音が 4 度に基づいています。坊田は音が 2 個で構成される和音を「二種音和声」、3 個で構成されるものを「三種音和声」、4 個のものを「四種音和声」と呼んでいますが、これらは基本的に 4 度もしくは 4 度の積み重ねによってつくられています。西洋音楽では 4 度は不安定な感じを与えるが、日本音楽においては 4 度はむしろ安定性を感じさせる、と坊田は述べています[2]。

　アメリカではチャールズ・アイヴズ（1874-1954）が歌曲「檻」（1906 年）で四度和音（部分的に五度和音）を用いました。モダン・ジャズにおいても四度和音が用いられました。マイルス・デイヴィスのアルバム『カインド・オブ・ブルー』に収められている「So What」では、ピアノのビル・エヴァンズが 4 度で構成される和音で絶妙な響きをつくりだしています[3]。またハービー・ハンコック、マッコイ・タイナー、チック・コリアらのつくるサウンドでも、四度和音が大きな比重を占めていることが指摘されています[4]。

1　Schönberg 1922, 483-484.
2　坊田 1966、96 頁。
3　ティロー 1993、389 頁。
4　モラスキー 2023、76-79 頁。

る」と述べています（箕作 1985、43-44 頁）。箕作は下行倍音が物理現象として生じるかどうかは証明されていないことを知っていましたが、実際に耳で聞くことはできないにしても、人間は下行音列を想像することはできると

第 5 章 新しい調性理論を構築する

して、この考え方を支持したのです（箕作 1930d、10 頁）。こうして箕作の五度和声の体系には四度和音が含まれることになりました。

箕作はさらに全音音階も 5 度から導くことができることを説明しています。

全音音階には 2 つの種類がありますが、これらは 5 度の冪乗計算によって導くことができるとして、箕作は次のような数式を挙げています。

$$\text{(I)} \quad \left(\frac{3}{2}\right)^{2n}$$

$$\text{(II)} \quad \left(\frac{3}{2}\right)^{2n+1}$$

$$n = 0, 1, 2, \cdots\cdots 5$$

（I）は冪指数を偶数（2n）にした場合で、ここからは C-D-E-Fis-Gis-Ais（ハ－ニ－ホ－嬰ヘ－嬰ト－嬰イ）が導き出されます。（II）では冪指数が奇数（2n + 1）となり、G-A-H-Cis-Dis-F（ト－イ－ロ－嬰ハ－嬰ニ－ヘ）が生まれます（秋山〔箕作〕1939、8 頁）[31]。

箕作はミヨーの半音差による複調を高く評価しており、とくに「弦楽四重奏曲第 4 番」や「交響曲第 2 番」のフーガなどの和音は五度和声的であると同時に複調もしくは多調的だとしています[32]。複調についても五度和声の体系に含まれるものとして、次のような数式で表示しています（箕作 1957、9 頁）。

$$\left(\frac{3}{2}\right)^n:$$

$$n = 0, 1, 2, 3, 4, \underline{5}, \underline{6}$$

$$n = \underline{5}, \underline{6}, 7, 8, 9, 10, 11$$

ミヨーの半音差による複調

＊下線は 2 つの調の共通音

---

31 （I）については n が 0 の場合、$\left(\frac{3}{2}\right)^0$ すなわち 1 となり、基音の C 音になる。また n が 1 の場合、$\left(\frac{3}{2}\right)^2$ すなわち 5 度×2 となり D 音となる。（II）については n が 0 の場合、$\left(\frac{3}{2}\right)^1$ となり、5 度×1 すなわち G 音となる。n が 1 の場合、$\left(\frac{3}{2}\right)^{2+1}$ つまり $\left(\frac{3}{2}\right)^3$ となり、5 度×3 で A 音となる。

32 箕作 1985、62 頁。

この２つを音名で示すと次のように半音ずれた音の配列になります。

C-G-D-A-E-H-Fis

H-Fis-Cis-Gis-Es-B-F[33]　　　　　　　　　　　＊下線は２つの調の共通音

（3）12 音音楽、調性

　箕作の五度和声理論は、５度音程を基盤として 12 音音楽をも含むものとして構想されました。日本音楽においては、そもそも三分損益法に基づいて１オクターヴ内に 12 の音律、すなわち十二律がつくられていたことも、箕作の議論を支える論拠となりました。箕作は十二律にもとづく日本和声体系は 12 音音楽と深い関係性を持っており[34]、シェーンベルクの 12 音音楽も五度和声理論の枠組みの中で捉えられるとして、12 音音列を次のように表しています。

$(\frac{3}{2})^n$；　n = 0, -1, -2, …… -11（5度音列の転回である 4 度音列による）（前掲書、9頁）

　これを音名で表すと次のようになります。

C-F-B-Es-As-Des-Ges-H-E-A-D-G[35]

　こうして箕作は 12 音音楽を五度和声理論の中に位置づけました。ただ箕作は、12 音音楽については通常とは異なる独自の考えを持っていました。日本で初めて 12 音技法を用いて作曲された作品は入野義朗（1921-1980）の「7 つの楽器のための室内協奏曲」（1951 年）でしたが、この同じ年、箕作は入野を意識するかのように『音楽芸術』誌上で「12 音階音楽への道」の連載（全 3 回）を始めます。この中で箕作は音楽をディアトニック音楽（全音階的な調性音楽）、広義の 12 音階音楽、セリー（音列）のみによる狭義の

33　上段：n が 0 の場合、$(\frac{3}{2})^0$ すなわち 1 となり、基音の C 音になる。n が 1 だと $(\frac{3}{2})^1$ すなわち 5 度上の G 音となる。以下同様。下段：n が 5 の場合、$(\frac{3}{2})^5$ すなわち 5 度×5 で H 音となり、n が 6 の場合、$(\frac{3}{2})^6$ すなわち 5 度×6 で Fis 音となる。以下同様。

34　箕作 1954、94 頁。

35　n が 0 の場合、$(\frac{3}{2})^0$ すなわち 1 となり基音の C 音。n が -1 の場合、$(\frac{3}{2})^{-1}$ で、基音の C 音の 5 度下の F 音となる。以下同様。

第5章　新しい調性理論を構築する

12音階主義音楽の3つに分け、12音音楽にも2種類あることを論じていま
す。広義の12音階音楽には、日本では平尾貴四男、松平頼則そして箕作自
身の音楽が含まれます。また狭義の12音階主義音楽には、入野義朗の音楽
が含まれます[36]。

　狭義の12音階主義音楽とは、12音による音列を規則どおりに扱った
シェーンベルク流の12音音列[37]による音楽を指しています。箕作はこうし
た正統的なセリー技法のあり方に批判的で、「シェーンベルヒの厳格なセ
リーの技法によらなければ十二音音楽ではないと云う議論は必ずしも真なら
ずでおかしい」と述べています。そしてシェーンベルクの12音技法はシス
テムではなくてメトード（技法）であるとし、自らが求めているのはシステ
ムとしての12音音楽であることを主張しています（箕作1954、98頁）。つ
まり箕作が探求しているのは五度和声理論という体系の中で捉えられる12
音音楽、広義の12音音楽であって、その探求のために自分は「有調の道」
を歩いていると述べています（箕作1951、20頁）。広義の12音音楽とは、
セリーを用いるとしても音は12個である必要はなく、セリーはなくてもよ
く[38]、より自由で調性的な音楽を意味していました。

　箕作自身、12音音列を使って作品を書いていますが、音列の扱い方はか
なりユニークです。音列はしばしば6音からなる2つのグループに分けら
れ、これらを複調的に扱っています。例えば「管弦楽のための2楽章」（1956
年）では、第2楽章ロンドで次のような増4度の音程差を持つ2つの6音の
グループが複調的に扱われます（図7）。

36　箕作1953、103頁。
37　シェーンベルクは12音音列（オクターヴ内の12個の異なる半音で構成される音の連続体）
　　を基本形とその変形（反行形、逆行形、反行逆行形）で用いた。基本形と3つの変形はそれ
　　ぞれ12の異なる移高形を持っているため、一つの音列について48の異なる音列が生まれ
　　る。これらを組み合わせることによって作曲が行われた。12音音列においては、ある音は原
　　則として他の11個の音が鳴らされるまで反復されない。また音列内部で連続する3音から
　　なる音のグループが、長三和音や短三和音をつくるのを避けることが推奨された。音の反復
　　や長短三和音が調性感に結びつくからである。箕作は意図的に調性を避けるこうした作法を
　　批判していた。
38　箕作1956a、19頁。

図7 「管弦楽のための2楽章」第2楽章ロンドで用いられる音列（2つの6音のグループからなる）（箕作 1956a、19頁）

　箕作にとって12音音楽は調性音楽でした。たとえ12音の音をできるだけ無調になるように処理したとしても（たとえば増4度の差を持つ2つの六音音階を設定したとしても）、それは複調音楽のヴァリエーションにすぎないのであって、12音音楽は無調とはなりえないと主張しました。12音音楽は「長い年月に亘って発展してきた、本質的には調性を持っている五度音列体系の最後の段階であるから、これに無調を目的とする12音技法を課すことは不合理と思われる」と述べています（箕作 1985、20-21頁）。

(4) 東洋の和声構造の探究

　箕作は1950年代半ば頃から日本音階論を執筆し、熱心な議論を行いました。問題としたのは、日本の音階にどのような和声がつけられるかということですが、それは最終的には東洋音楽の機能和声理論を確立することを目指していました。箕作はそのために、日本の音階を研究し、西洋の和声のようにトニック、ドミナント、サブドミナント（T・D・S）の機能を探り出そうとしています（図8）。

図8　二度和声によるTDSの和音と音階（秋元〔箕作〕1954、176頁）

＊数字はTDS各和音の根音を1として、5度音程をとる順番
＊T_1, S_2 などは音階上の音がT・D・Sの和音のどの構成音であるかを示しています。例えば右側の音階のD音はドミナント和音の根音の5度上のD音（D_2）であると同時に、トニックの根音Cの5度上のさらに5度上のD音（T_3）でもあります。

第5章 新しい調性理論を構築する

　ここでは3度ではなく2度が入った二度和音によるトニック、ドミナント、サブドミナントの3つの和音がつくられており、全部の音を集めると律音階（五声）が形成されているのがわかります。

　箕作は導音についてもある種西洋的な見解を述べています。呂と律の五音音階は導音を欠いているために主音が明確に感じられず調性的に不安定であるから、導音を確保することは調性の明確化に大切なことだとしています。都節音階（ドーレーファーソーラ）は、下向の導音として As と Des を有しており、そうした欠点のない音階であるとも述べています（☞第1章）[39]。また日本の機能和声理論を確立するためには、まずは日本音楽が潜在的に持っている和声構造を明らかにすることが先決であるとも述べており[40]、さらなる研究の必要性を認識していたと思われます。

　箕作は日本古来の十二律を一つの根拠として、オクターヴの12音を素材として扱う現代的な要求にも応える体系として五度和声をまとめあげました。この理論は19世紀末以降に現れてきた全音音階、四度和音、複調、12音音楽という語法にも対応できるような、いわば現代的な体系として考案されています。またこの体系には西洋的な「機能」も組み込まれました。五度和声理論は日本和声の理論として考案されましたが、扱う対象は日本的であったとしても、その方向性は西洋的であり、日本音楽の近代化を目指した理論だったとも言えます。

　では同じように5度に基づいて考案されたジャズの理論はどのようなものだったのでしょうか。次にラッセルの理論を検討し、比較してみたいと思います。

●3　ジョージ・ラッセルのリディアン・クロマティック・コンセプト

　ジョージ・ラッセル（1923-2009）は、ジャズ・ピアニスト、作曲家であるとともにジャズの音楽理論家で、なによりその理論「リディアン・クロマティック・コンセプト」で世に知られるようになりました。

39　箕作 1956b、36 頁。
40　秋元〔箕作〕1954、179 頁。

オハイオ州シンシナティに生まれたラッセルは、若い頃にバンドのメンバーとなって活動していましたが、結核のために活動を中断せざるを得なくなり、治療を受ける間にジャズ理論を構想し始めました。回復後、ニューヨークに移住してマイルス・デイヴィス（1926-1991）やチャーリー・パーカー（1920-1955）などの才能あるミュージシャンと知り合いますが、結核の再発のため再び入院し、その間に理論的な構想を練り上げます。回復後の1946年、本格的な活動を開始するようになりました。この時期にはドイツ出身の作曲家シュテファン・ヴォルペ[41]に作曲を学んでいます。こうして実践的な活動のかたわら1953年に理論書『リディアン・クロマティック・コンセプト』を発表したことによって注目されるようになり、その後ボストンのニューイングランド音楽院で長年にわたってこの理論を教えました。実践と理論の両面での功績により1989年には並外れた能力を持つ人に贈られるマッカーサー・フェローシップ[42]を受けています。

　「リディアン・クロマティック・コンセプト」は、モダン・ジャズからモード（モーダル）・ジャズへの転換に貢献したとされる理論で、「ジャズ理論史上、最も重要」という評価がされています（濱瀬 1992、22頁）。モダン・ジャズではコード進行に従ってアドリブを加えながら進行していきますが、モード・ジャズでは旋法的な性格ゆえに機能和声的なコード進行にとらわれることなく柔軟な進行が可能になりました。ジョン・コルトレーン（1926-1967）、マイルス・デイヴィス、ビル・エヴァンズ（1929-1980）に大きな影響を与えた画期的な理論として知られており、マイルス・デイヴィスの代表的なアルバム『カインド・オブ・ブルー』（1959年）はこれなしには録音されなかったとまで言われています。

　この理論の初版は1953年、そして主要な版（Primary Edition）が1959

41　シュテファン・ヴォルペ（1902-1972）はベルリンに生まれ、フランツ・シュレーカー（1878-1934）に作曲を学んだ作曲家。バウハウス、ダダイズム、12音音楽、社会主義思想など多様な影響を窺わせる音楽を書いた。ナチの迫害を逃れてアメリカに移住し、ニューヨークの音楽学校やブラック・マウンテン・カレッジで教鞭をとり、ダルムシュタット夏季現代音楽講習会でも講演を行った。弟子の中にはモートン・フェルドマン、デヴィッド・チューダーらがいる。

42　アメリカのマッカーサー基金による助成金の制度で、卓越した能力を持つ人に与えられるため「天才助成金」とも呼ばれている。音楽ではコンロン・ナンカロウ、オーネット・コールマン、セシル・テイラー、ジョン・ゾーンなどが受賞している。

年に出版され、1964年に第3版が、最終版となる第4版が2001年に出ました。最終版は第1巻「調性引力の芸術と科学」と題されていますが、第2巻は出版されませんでした。日本版は1959年版と1964年版をもとに、作曲家の武満徹との対談と武満のエッセイも含めて1993年に出版されました。1959年の版および日本版と2001年の第4版では、内容もかなり違っていますが、理論の骨格は基本的に同じであるため、ここでは第4版を中心にして日本版も参照しながら見ていきます。

　ラッセルのこの理論は非常に複雑に構成されている上に実践的な理解も必要で、十分に理解するためにはかなりの時間と労力を要します[43]。その全容を説明するのは本章の範囲を超えているため、ここでは箕作の理論との関わりのある3項目に絞って述べていきます。

(1) 全音階とリディア音階

　ラッセルは第4版の冒頭で、全音階とリディア音階との違いを詳しく説明しています。まずは全音階とリディア音階について確認しておきたいと思います。ともに音階をC音から始めると、全音階におけるF音がリディア音階ではF♯音に変わります（図9a, b）。たった1音違うだけですが、決して小さな違いではありません（図1aの呂音階も参照してください）。

図9a　全音階

図9b　リディア音階

43　この理論では、試験に合格して免許を持つ人だけに正式な教授資格が与えられている。音楽理論家のマーク・ハンナフォードは、この資格を持つアンディ・ワッサーマン（第4版の序文の執筆者）の指導を受け、本全体を終了するまでに毎週2-3時間のセッションを1年間受けたと述べている（Hannaford 2021, 53）。本章執筆者はそうした指導を受けてはいないため、本論はあくまで理論的な理解に留まるものである。

ラッセルはこの2つの音階に基づく2種類の和音（図10）を別々に鳴らして、どちらが一体感と終止感が得られるかを聴き比べるようにと言います。

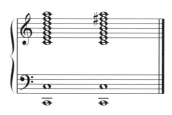

図10　ハ長調のC音上の3度堆積和音とリディア音階のC音上の3度堆積和音
　　　（Russell 2001, 1）

　左の和音は全音階（ハ長調）に基づく3度堆積の和音、右はリディア音階に基づく3度堆積の和音です。世界の様々な地域で長年にわたって行われたテストでは、大多数の人々が右側の和音を選んだとラッセルは言います。人によって感じ方は違うかもしれませんが、多くの人々が右の和音に安定性を感じるのは、非常に興味深い現象だと言えるでしょう。

　「リディアン・クロマティック・コンセプト」の基本原理とも言えるのが5度音程です。ラッセルは5度がピュタゴラスの5度のシステムおよび倍音列と密接な関わりがあることを述べています[44]。ラッセルは倍音列を示したうえで、最初のオクターヴの次に来るのが5度であり、和声的に最強の音程であることを挙げています。倍音列の下方に位置し、倍音列の基盤もしくは土台となる音程です。また第11倍音のF♯（嬰ヘ）音はリディア音階にとって重要な音ですが、F（ヘ）音については倍音列からは第20倍音まで上がっても導き出すことができないことを述べています（本節におけるアルファベット音名は英語表記による）[45]。つまり、コモン・プラクティス時代[46]の調性の基盤となっているハ長調の音階のF音はここから導き出すことができない、言い換えれば、リディア音階には正当な根拠があるが、全音階の

44　Russell 2001, 234.
45　Ibid., 3.
46　およそ1700年から1900年代末までの時代で、調性音楽による一般的な時代という意味で使われる。「慣用期」と訳されることもある。

第5章　新しい調性理論を構築する

ハ長調にはないということを示唆しています。

　ラッセルはまた、全音階では最後に終止に向かおうとする力が作用するのに対して、リディア音階ではまとまりのある音が漂いながら調的な引力を形成する場がつくられており、終止を目指さなければならないプレッシャーがないとも説明しています[47]。解決を求め、終止に向かおうとする水平的（ホリゾンタル）な推進力が作用する全音階に対して、リディア音階では常にまとまりのある場がつくられているため、音の力は垂直（ヴァーティカル）に引力のように作用するというのです。

(2) リディアン・クロマティック・スケール

　ラッセルはまたリディア音階について、倍音を使って興味深い説明をしています。下に示すように、基音のC（ハ）音とその5度上のG（ト）音、さらにその5度上のD（ニ）音について、それぞれ第6倍音までの音を集めるとリディア音階になり、そこから3度堆積和音（C-E-G-B-D-F♯-A、ハ－ホ－ト－ロ－ニ－嬰へ－イ）を形成することができるというのです（Ibid., 231）。

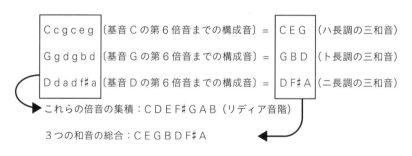

（図10の右の和音を参照してください。）

　これはシェーンベルクのハ長調音階の説明（図2a, b）によく似ていますが、大きな違いがあります。シェーンベルクはCを中心に上下5度の機能的な関係性（属和音と下属和音）によってハ長調の音階を導き出しているの

47　Ibid., 8-9.

ですが、ラッセルは5度を上に2回重ねることによって、リディア音階と和音を引き出しています。水平な動きを含んだホリゾンタルで機能的な関係性ではなく、ヴァーティカルな旋法的な関係性によってリディア音階と和音を説明しているのです。

　リディアン・クロマティック・スケールには7つの主要な音階が設定されています（図11）。これらの音階は様々な和音を生み出す働きをするため、

1. リディア音階

2. リディアン・オーギュメント音階

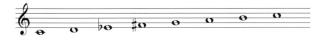

3. リディアン・ディミニッシュ音階

4. リディアン・フラット・セヴンス音階

5. 補助オーギュメント音階（全音音階）

6. 補助ディミニッシュ音階（オクタトニック Oct3）[49]

7. 補助ディミニッシュ・ブルース音階（オクタトニック Oct1）

図11　リディアン・クロマティック・スケールの7つの主要音階[48]

ラッセルは「この７つのスケールは平均律による全ての重要な和音の音色を生むのに本質的に重要な音階だ」と述べています（Ibid., 10）。

　７つ全ての音階にＦ♯が含まれています。またこれらの音階の中には、すでによく知られている音階があります。５の補助オーギュメント音階は全音音階、６の補助ディニミッシュ音階と７の補助ディミニッシュ・ブルース音階はオクタトニック（八音音階）の３種類の音階のうちの２つと同じです。全音音階はリディア音階の変形として捉えられており、箕作が全音音階を５度から導かれる音階と捉えたことと似ているとも言えます。ちなみに全音音階はオリヴィエ・メシアン（1908-1992）の移高の限られた旋法（MTL）[50]の１番、６と７のオクタトニックは MTL2 番と同じです。そしてこれら７つの音階全てを総合すると、12 半音が揃ったクロマティックなリディア音階になります。

　なおラッセルは、ホリゾンタルな音階も４種類[51] 挙げており、全部で 11 種類の音階がこの理論には含まれます。

(3) 調性引力、12 音

　リディアン・クロマティック・コンセプトという理論は、調性引力（tonal gravity）という考え方、つまり「音楽の調性組織は何らかの調的中心〔tonal center〕[52] の上に確固として支えられている」という考えに基づいてつくられています。その調的中心は、ヴァーティカル（垂直的）な要素（つまり和音）と、ホリゾンタル（水平的）な要素（旋律もしくは一連の和音が終止

48　ラッセルは音階度数とＦから始まる音名で記しているが、ここでは五線譜でＣ音から始まる音階を記す。

49　オクタトニックは３種類あり、Oct1, Oct2, Oct3 で区別される。詳しくは『〈無調〉の誕生』（柿沼 2020）の第７章を参照。

50　メシアンの移高の限られた旋法（MTL = Modes à transposition limitées）は特定の音程関係をなす音のパターンの繰り返しによって構成される音階で、その特殊性ゆえに移高（移調）が制限されるためこの名がある。メシアンの著書『音楽言語の技法』（原書 1944 年）で述べられている。全部で７種類の音階があるが、上述のように第１番は全音音階、第２番はオクタトニックと同一であり、また第３番はアレクサンドル・チェレプニンの九音音階（1922 年に理論化）と同じ構成になっている。

51　メジャー・スケール、メジャー・フラット・セヴンス・スケール、メジャー・オーギュメント・フィフス・スケール、アフリカン・アメリカン・ブルース・スケールの４種類。

52　翻訳書では「調性中心」と訳されている。

165

しようとするトニック）によって決定されますが、ここでラッセルが焦点を当てたのはヴァーティカルな側面です。従来の調性が終止へと向かう線的でホリゾンタルな引力を持っていたとすれば、リディアン・クロマティック・スケールは垂直のヴァーティカルな引力とまとまりを持っています。ラッセルは調的中心に近ければ「インゴーイング」、遠ければ「アウトゴーイング」と呼んでいますが[53]、これは協和音／不協和音の2分法に代わるものと考えられます。こうしてここには様々な段階の遠近関係からなる調性の場が提供されているのです（Ibid., 14）。

次の図12には調性引力の段階が示されています。

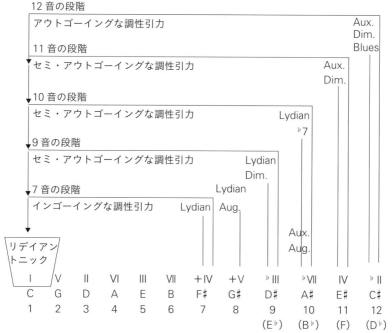

Lydian Aug.：リディアン・オーギュメント
Lydian Dim.：リディアン・ディミニッシュ
　Aux. Aug.：補助オーギュメント
　Aux. Dim.：補助ディミニッシュ
Aux. Dim. Blues：補助ディミニッシュ・ブルース
+IV, +V における + は半音上（#）を意味する。

図12　リディアン・クロマティック・スケールにおける調性引力の段階[54]

第5章　新しい調性理論を構築する

　5度音程から導かれるこの理論は調性を前提としていますが、リディア
ン・クロマティック・コンセプトという名称が示すように、主要な7つの音
階を総合すると12半音が全て揃うことになります。つまりこのコンセプト
には、オクターヴの12個の音にどう対処するかという問題意識が含まれて
おり、実際にラッセルは「無調」とされるアルバン・ベルクの「ヴァイオリ
ン協奏曲」も分析しています[55]。いわゆる「無調」もまたこの調性理論の中
に含まれているのです。

　ラッセルはこのことを次のような言葉で説明しています——「リディア
ン・クロマティック理論は、5度音程を調性引力の基本単位とし、ピュタゴ
ラスの5度連鎖を原型として用いることによって、単一の音階組織の中に平
均律の2つの対立する極、調性（親調性［protonicity］）と半音階主義（非
調性［atonicity］）、インゴーイングとアウトゴーイングな側面を含んでいま
す」（Ibid., 150）。つまり調性的な状態から調性のない状態まで、全領域を視
野に入れた理論なのです。

　ラッセルは7つの主要音階に対応したコードとスケールを一体化したもの
を「コードモード」と呼び、また8種類のコードのカテゴリーを「モーダ
ル・ジャンル」と呼んで、これらを並べたチャートを作成しています[56]。こ
のチャートを見ると、あるコードがどの音階に属しているかがわかるように
なっています。リディア音階という一つの音組織の中に、20世紀に必要と
なるほとんど全ての和音の組み合わせが含み込まれているのです。

　1945年のあるとき、ラッセルがジャズ・トランペッターのマイルス・デ

53　第4版では、その中間の「セミ・アウトゴーイング」が設定されている。

54　左端の下向きの矢印はリディア音階のトニックへの引力を示している。下に行くほど引力が
　よりインゴーイングになり、上に行くほど引力がよりアウトゴーイングになる。一番下に示
　されている12の音のうち、最初の7音をとれば通常のリディア音階になり、調性もインゴー
　イングだが、音の数が増えると次第にアウトゴーイングになることがわかる。7音から12音
　までの段階（8の段階はない）が設定されている。Cから5度ずつ上行しているが、F♯の次
　に来るはずのC♯が一番最後に置かれている。このことをラッセルは、この調性引力の段階
　は西洋音楽の発展と並行しているからだと説明している（詳しくはラッセル1993, 124-126
　頁；Russell 2001, 53を参照）。なお原書では音階はFから始まっているが、ここではCから
　の音階に書き直してある。

55　ラッセル1993, 99-106.

56　第4版のチャートはかなり複雑になっており、表紙のすぐ後のページに示されている。日本
　語版ではチャートAとチャートBに分かれている（前掲書、151-161頁を参照）。

167

イヴィスに「何を音楽上の目的にしているんだ？」と問いかけると、「全ての（和音）変化を知ることだ」という答えが返ってきました。それが考えのきっかけになったとラッセルは述べています（Ibid., 10）。このチャートはジャズ史に残る偉大なジャズ・トランペッターの要請に応えるものだったのです。またこの理論は日本の作曲家、武満徹の関心を引きつけました。武満は昭和36（1961）年にタイプで打たれた原稿のコピーをたまたま入手し、「そのアイディアの素晴らしさに圧倒されながら、ひと月ほどで読み了えた」と述べています（ラッセル 1993、142頁）。武満はラッセルの理論がつくりだす世界を「汎調性的」「汎旋法的」という言葉で表現しており、「地平線のドーリア」（1966年）などの作品にその影響が表れていることが指摘されています[57]。

❧ おわりに

本章では5度音程に焦点を当てて、20世紀の日本の音楽理論として箕作秋吉の「五度和声理論」をとり上げ、アメリカのジョージ・ラッセルのジャズ理論「リディアン・クロマティック・コンセプト」と比較しました。ともに5度を基準とし、基本的な音階（呂音階＝リディア音階）を5度の連鎖によって導き出しているという共通点がありました。この5度の連鎖を近年の理論に基づいて「インターヴァル・サイクル（音程循環）」[58]として解釈することも可能でしょう。ともに従来の調性体系を批判し、5度という基本的な音程に立ち返って、20世紀に相応しい新たな音組織を創り出そうという意欲に満ちた試みでした。オクターヴの12個の半音が前提として使われる時代に、どのような音組織が必要となるかを考え、全音音階や12音音楽にも対応できるように考えた新しい調性理論でした。つまり調性が危うい状態になった時代にあって、調性の力を最大限に活かそうとした理論だったのです。またともに科学的であることを重視していました。物理化学者でもあった箕作は数式を用いて科学的な音楽理論を目指しました。ラッセルも5度に

57　Burt（2002）や宮川（2022）の論文を参照。
58　注15を参照。

基づく「調性引力」を科学的だと捉えており、それは第4版第1巻のタイトル「調性引力の芸術と科学」にも反映しています。また2人とも周辺では微分音[59]や純正律に基づいた理論（ハリー・パーチや田中正平の理論；☞コラム vol. 2）がつくられていたことを知りながら、自らの理論が平均律という限定された範囲内で有用性のあるものであることを明確に理解していました。

　異なる点もあります。箕作は西洋の三和音に懐疑的で、3度より2度の方が重要だと考えました。ラッセルは3度を否定はしませんでしたが、ドミナントを拒否しました。ドミナント和音が解決へと進む動きが、西洋社会の目的論的な心性、デカルト主義的合理主義、資本主義、軍産複合体、つまり西洋精神一般を反映していると考えていたからです[60]。箕作は旋法による日本の音楽にも「導音」や「機能」は必要だと考え、ドミナントを導入して、日本音楽の近代化を図ろうとしたと推察されます。

　箕作の五度和声理論とラッセルのジャズ理論を並べてみると、どちらも20世紀の混沌とした音楽の状況に向きあうために、あらためて音の物理的な原理を確認するとともに、古い時代の知見に立ち返って考え直す必要性を認識していたことが窺えます。そうして浮かび上がってきた5度というシンプルな音程から、同時代に対応する音組織を創るために、これらの理論は生み出されました。この2つの理論は互いに異なる面はあるものの、音楽がグローバルな広がりを見せる時代にあって、「調性」「音階」「和音」といった音楽の基本的な問題について再考を促しているように思われます。

引用文献

Burt, Peter. 2002. "Takemitsu and the Lydian Chromatic Concept of George Russell," *Contemporary Music Review* 21 (4), 73-109.

Friberg, Jöran. 1990. "Mathematik," *Reallexikon der Assyriologie und Vorderasiatischen*

59　微分音（microtone）とは半音より狭い音程のことで、全音をいくつに分割するかによって3分音、4分音などと呼ばれる。また均等に分割するだけでなく、純正律などの理論によって不等分に分けられる微分音もある。微分音を使った20世紀の代表的な作曲家としてアロイス・ハーバ（1893-1973）、イワン・ヴィシネグラツキー（1893-1979）、フリアン・カリージョ（1875-1965）、ハリー・パーチ（1901-1974）などが挙げられる。

60　Russell 2001, 227; Hannaford 2021, 58-59.

Archäologie, Band 7. Hrsg. von Dietz Otto Edzard, Berlin: Walter de Gruyter, 531-585.

Gevaert, François-Auguste. 1875. *Histoire et théorie de la musique de l'antiquité*, I-II. Gand: C. Annoot-Braeckman.

—— 1905. *Traité d'Harmonie: Théorique et Pratique*. Paris: Henry Lemoine & Cie.

Hannaford, Marc E. 2021. "Fugitive Music Theory and George Russell's Theory of Tonal Gravity," *Theory and Practice* 46, 47-82.

Hindemith, Paul. 1937. *Unterweisung im Tonzatz I Theorischer Teil*. Mainz: Schott. 〔『作曲の手引き』下總皖一訳、東京：音楽之友社、1953 年〕

Kilmer, Anne Draffkorn. 1998. "The Musical Instruments from Ur and Ancient Mesopotamian Music," *Expedition* 40 (2), 12-19.

Maceda, Jose. 1994. "Music Research and Music Composition, Or Counts of Four, the Fifth Interval and Classification of Things as Basic Structures in Music and Music Composition," *ACL '94 Final Report The 16th Conference & Festival of ACL, Towards A New Era of Asian Pacific Music Retrospect and Prospect, May 22-28, 1994*. Edited by National Committee, ACL, R.O.C., Taipei: National Committee, ACL, R.O.C., 80-90.

Powers, Harold. 1998. "From Psalmody to Tonality," *Tonal Structures in Early Music*. Edited by Cristle Collins Judd, New York: Garland, 275-340.

Russell, George. 2001. *Lydian Chromatic Concept of Tonal Organization. Volume 1: The Art and Science of Tonal Gravity*. Fourth Edition, Brookline, MA: Concept Publishing.

Schönberg, Arnold. [1911] 1922. *Harmonielehre*. 3te Auflage. Wien: Universal Edition. 〔英訳：*Theory of Harmony*. Berkeley: University of California Press, 1978; 日本語訳：『和声学第 1 巻』山根銀二訳、東京：「読者のための翻訳社」、1929 年〕

（＊箕作は複数のペンネームを持っていました。ここではペンネームの後に本名を記しています。）

イアンブリコス 2011『ピタゴラス的生き方』水地宗明訳、京都：京都大学学術出版会。

スサンニ、パオロ、アントコレッツ、エリオット 2024『20 世紀音楽を分析する』久保田慶一監修・訳、桃井知津子訳、東京：音楽之友社。

ティロー、フランク 1993『ジャズの歴史』中嶋恒雄訳、東京：音楽之友社。

ボエティウス 2023『音楽教程』伊藤友計訳、東京：講談社。

モラスキー、マイク 2023『ジャズピアノ　下』東京：岩波書店。

メシアン、オリヴィエ 2018『音楽言語の技法』細野孝興訳、東京：ヤマハミュージックエンタテインメントホールディングス出版部。

ラッセル、ジョージ 1993『調性組織におけるリディアン・クロマティック・コンセプト』布施明仁・梶本芳孝訳、東京：エー・ティー・エヌ。

秋元勇巳〔箕作秋吉〕1954「中国及び日本の音階に対する和声的考察」『音楽芸術』第 12 巻 1 号、172-179 頁。

秋山準〔箕作秋吉〕1939「東洋的エキゾティシズムと日本人の持つ芸術的性格」『音楽世界』11 (9)、6-9 頁。

伊藤友計 2021『西洋音楽の正体――調と和声の不思議を探る』東京：講談社。

第 5 章　新しい調性理論を構築する

柿沼敏江 2020『〈無調〉の誕生──ドミナントなき時代の音楽のゆくえ』東京：音楽之友社。

楠山春樹 1996『呂氏春秋』上巻、東京：明治書院。

菅原明朗 1930「われ等は何を読む可きか？」『音楽世界』第 2 巻 10 号、114-115 頁。

田中有紀 2014『中国の音楽論と平均律──儒教における楽の思想』東京：風響社。

田辺尚雄 1930「音楽理論」『物理学』〔第 4〕（輓近高等物理化学講座）東京：共立社。

──〔1919〕1984『日本音楽講和』東京：講談社。

── 2014『東洋音楽史』植村幸生（校註）、東京：平凡社。

西田紘子・安川智子（編著）2019『ハーモニー探究の歴史──思想としての和声理論』東京：音楽之友社。

濱瀬元彦 1992『ブルーノートと調性』東京：全音楽譜出版社。

早坂文雄 1941「田中博士の『日本和声の基礎』に就いての私見」『月刊楽譜』第 30 巻 4 号、28-40 頁。

藤嶋保 2013『箕作秋吉の音楽理論と思想』東京藝術大学修士学位論文。

坊田寿真 1966『日本旋律と和声』東京：音楽之友社〔1941 年に厚生閣から出版された初版の復刊〕。

箕作秋吉 1929「国民音楽に就いて」『フィルハーモニー』第 3 巻 12 号、3-9 頁。

── 1930a「シェーンベルヒの和声学」『音楽世界』第 2 巻 10 号、28-33 頁。

── 1930b「再び国民音楽に就いて（一）」『フィルハーモニー』第 4 巻 1 号、4-6 頁。

── 1930c「再び国民音楽に就いて　承前」『フィルハーモニー』第 4 巻 2 号、25-31 頁。

── 1930d「国民音楽に就いて（三）」『フィルハーモニー』第 4 巻 10 号、8-13 頁。

── 1931a「日本的和声に就いて」『月刊楽譜』第 20 巻 3 号、74-77 頁。

── 1931b「日本的和声に就いて（追記）」『月刊楽譜』第 20 巻 4 号、86 頁。

── 1951「十二音階音楽への道」『音楽芸術』第 9 巻 3 号、12-20 頁。

── 1953「十二音階音楽への道（二）」『音楽芸術』第 11 巻 11 号、100-104 頁。

── 1954「日本和声体系と十二音音楽」『音楽学』創刊号、94-104 頁。

── 1956a「管弦楽のための二楽章」『シンフォニー』第 21 号、18-19 頁。

── 1956b「都節の和声的取り扱い」『フィルハーモニー』28（6）、35-37 頁。

── 1957「リーベルマンの音楽特性」『机』第 8 巻 4 号、8-9 頁。

── 1985『和声体系発展の史的外観と日本・東洋の和声論』小山郁之進（編）、京都：思文閣。

宮川渉 2022「武満徹《地平線のドーリア》とリディアン・クロマティック・コンセプト」『音楽表現学』第 20 号、55-74 頁。

安川智子・張恵玲 2024「箕作秋吉の五度和声理論にみる異文化共存──音楽の国際連盟を目指して」『音楽学』第 69 巻 2 号、81-96 頁。

本書に登場する基本用語

🍁 協和と不協和

今日、一般的に**協和**（consonance）とは、2人以上の声や2つ以上の音が「よく調和して響く」ことを指します。2つの音がよく調和していれば、その2音の隔たりを協和音程といい、協和音とは協和する和音を意味します。協和と**不協和**（dissonance）の境界線やその根拠は、時代や地域によって異なります。

🍁 自然倍音列

1本の弦を振動させてひとつの音を鳴らしたときに、自然現象として同時にいくつもの倍音（部分音ともいいます）が鳴ります。これを自然倍音と呼び、18世紀以降、西洋では**協和**のよりどころとされてきました。図1は、一番低い音（基音）と倍音（部分音）を、振動数の小さい順に五線譜で示した**自然倍音列**です。倍音は、1と書かれた基音に対して整数倍の振動数をもちます。たとえば2という数字のついた第2倍音の振動数は、基音のそれの2倍となります。

※黒音符は近似音

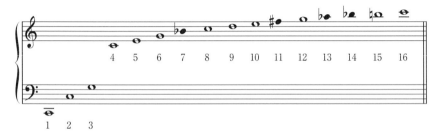

図1　自然倍音列

🎵 音律

　音律とは、音楽における音の高さを一定の基準や原理に基づいて規定した体系を指し、古代よりさまざまな音律が定められてきました。たとえば古代ギリシアのピュタゴラス派に由来する**ピュタゴラス音律**は、オクターヴについいで協和音程とされる完全5度（弦長比 3:2）をド、ソ、レ、ラ、ミといったように上に積み重ねていくことで 12 の音を定めました。ただし、ドを出発点に完全5度を 12 回積み重ねたシ♯（後述する平均律ではドとシ♯は異名同音となります）と、同じドを出発点に7回オクターヴを積み重ねたドの音程は完全には一致せず、前者の音程のほうが少し大きくなります。その音程差はピュタゴラス・コンマと呼ばれます（コンマとは微小な音程のことです）。ピュタゴラス音律は、中国に由来する<ruby>三分損益法<rt>さんぶんそんえきほう</rt></ruby>と実質的に同じ仕組みに基づくといえます。

　時代を経るにつれて、西洋の音楽では3度音程も重視されるようになります。そこで考案されたのが、完全5度（弦長比 3:2）と純正な長3度（5:4）をもとに音階の各音を定める**純正律**です。純正律により単純な整数比に基づく三和音を得ることができる一方で、一部の音程は純正音程から外れることになり、転調しにくいという面があります。なお、ピュタゴラス音律による完全5度をド、ソ、レ、ラ、ミと4回積み重ねて生じる音程ド−ミを2オクターヴ下げた長3度と、純正な長3度の音程も一致せず、前者の音程のほうが少し大きくなります。その音程差はシントニック・コンマと呼ばれます。

　平均律はオクターヴを 12 に等分した音律です。平均律は、どの音からも同じ音階をつくることができるため、自由に転調することができ、鍵盤楽器などに採用されています。

　中国と日本の伝統音楽で使用される音律に<ruby>十二律<rt>じゅうにりつ</rt></ruby>があります。十二律では、1オクターヴは 12 の半音で構成されます。中国では、**三分損益法**で得られた音を音高順に並べて、<ruby>黄鐘<rt>こうしょう</rt></ruby>、<ruby>大呂<rt>たいりょ</rt></ruby>、<ruby>太簇<rt>たいそう</rt></ruby>、<ruby>夾鐘<rt>きょうしょう</rt></ruby>、<ruby>姑洗<rt>こせん</rt></ruby>、<ruby>仲呂<rt>ちゅうりょ</rt></ruby>、<ruby>蕤賓<rt>すいひん</rt></ruby>、<ruby>林鐘<rt>りんしょう</rt></ruby>、<ruby>夷則<rt>いそく</rt></ruby>、<ruby>南呂<rt>なんりょ</rt></ruby>、<ruby>無射<rt>ぶえき</rt></ruby>、<ruby>応鐘<rt>おうしょう</rt></ruby>としました。基準となる黄鐘の音高は律管の長さにより定めていましたが、その長さは時代によって異なり、尺度も変化してきましたので、それぞれの音高は一定しません。

三分損益法は、中国の音律算定法です。基準となる律管の三分の一を減らす「三分損一」と、そこで得た律管の三分の一を加える「三分益一」をくり返し、完全5度上の音および完全4度下の音を得ます。中国では、三分損益法で五声、七声、十二律を算出しました。日本では、三分損益法に基づいて「順八逆六」と呼ばれる独自の方法が生まれました。順八（完全5度上）が三分損一、逆六（完全4度下）が三分益一の操作にあたります。

　日本に十二律が伝来したのは奈良時代です。平安時代には、基準音を定めて新たな律名をつけました。壱越、断金、平調、勝絶、下無、双調、鳧鐘、黄鐘、鸞鏡、盤渉、神仙、上無が日本の十二律の名称ですが、三味線音楽では一般に黄鐘＝1本として（義太夫節は壱越＝1本）、1本、2本、3本というように呼びます。

　日本の宮内庁楽部で現在用いている十二律の絶対音高について、西洋音楽の12平均律の音高と並べれば図2のようになります。明治時代に、十二律の高さを音叉に移し、アレクサンダー・ジョン・エリス（1814-1890）がそれらの数値を測定しました。ただし、日本の十二律は三分損益法で算出されますが、エリスの測定値と完全には一致しません。

図2　日本の十二律を西洋音楽の12平均律と対応させたもの

● 五声、七声

　中国および日本の音楽理論に関する用語です。五声は五音ともいい、三分損益法によって得られる最初の5つの音を指します。5つの音は宮、商、角、徴、羽と呼ばれ、それらを音高順に並べた**五音音階**も五声、五音といいます。中国の五声の相対的な音程関係は、西洋音楽の階名で表すと、ド、レ、ミ、ソ、ラに相当します。五声に、ファ♯とシにあたる変徴と変宮を加えると、七声となります。奈良時代に中国から伝来した五声、七声のほかに、平安時代には日本式の五声、七声も考え出されました。そのた

め、もともとの五声と七声を呂の五声、七声と呼び、日本の五声と七声を律の五声、七声と区別することもあります。

☞より詳しく知りたい方へ

遠藤徹 2005『平安朝の雅楽──古楽譜による唐楽曲の楽理的研究』東京：東京堂出版。
── 2013『雅楽を知る事典』東京：東京堂出版。
川原秀城（編）2016『中国の音楽文化──三千年の歴史と理論』東京：勉誠社。
藤枝守 2007『増補　響きの考古学──音律の世界史からの冒険』東京：平凡社。
六朝楽府の会（編著）2016『『隋書』音楽志訳注』大阪：和泉書院。

◐ 調性と無調

　調性（tonality）とは、狭義には 24 の調（key）に基づき、特定の音（主音）を中心として組織づけられた西洋由来の音体系を指します。調性という概念は、実践のはじまりから 1 世紀以上遅れるかたちで 19 世紀からさかんに論じられるようになりました。代表的な論者はフランソワ＝ジョゼフ・フェティス（1784-1871）とされてきましたが、実際には人によって定義やその背景にある思想が大きく異なります。たとえばアルノルト・シェーンベルク（1874-1951）は、ある音列（音の連なり）から生じるものはすべて調性をなすととらえています。このような考え方をとれば、調性は、必ずしも特定の時代の西洋音楽（24 の長・短調に基づく音楽）だけにあてはまる概念というわけではありません。

　無調（atonal, atonality）という語は、調性や旋法とはまた別の意味で、さまざまな定義や議論を生んできた問題含みの概念です。一般的には 20 世紀以降の調性によらない音楽を呼ぶ際に使われることが多いですが（「ポスト調性音楽」と呼ばれることもあります）、例外的な用例もあります。また、20 世紀以降の音楽に限っても、これらの音楽における調性との距離や関係は多様です。なかには無調という語自体を否定する人もいます。

☞より詳しく知りたい方へ

柿沼敏江 2020『〈無調〉の誕生──ドミナントなき時代の音楽のゆくえ』東京：音楽之友社。

西田紘子・安川智子（編著）2019『ハーモニー探究の歴史——思想としての和声理論』東京：音楽之友社。

🟣 機能和声

機能和声とは、狭義の**調性**という概念と密接に結びついた和声理論を指します。具体的には、長調と短調における和音の性質を、トニック（T）、ドミナント（D）、サブドミナント（S）の３つの機能（ドイツ語でFunktionen）から定めようとした理論で、フーゴー・リーマン（1849-1919）が1893年に体系化して以降、機能という語は流布し始めました。なお、トニック、ドミナント、サブドミナントという語自体は、フランスの音楽理論家ジャン＝フィリップ・ラモー（1683-1764）以降、広まっていましたし、この機能和声の考え方の背後には、和声二元論という、和声理論の長い歴史もあります。和声二元論では、トニック（T）の和音を中心に、ドミナント（D）とサブドミナント（S）の和音を対称的に、鏡像形としてとらえます（☞第３章）。

今日では一般に、この３つの機能は、図３のようにTが調や音階のⅠ度、DがⅤ度、SがⅣ度とされています。それ以外の音度をどのような機能と結びつけるかについては、考え方によります。機能和声では、調性音楽における個々の和音の進行を、このT、D、Sの慣習的な定型によって把握します。T−D−TやT−S−D−T、T−S−Tがその典型です。とくに楽曲の終わりや区切り目に現れる典型的な和声進行は、終止形（カデンツ；本書が対象とする時代には「静止形」と訳されていたこともあります）として重視されてきました。終止形には、完全終止（属和音から主和音への進行、すなわちD−Tの終止）や半終止（属和音、すなわちDで区切り目をつくる終止）などいくつかの種類があります。

図３　ハ長調におけるT、D、S

🕭 旋法

　旋法（性）（modality）は、狭義には、狭義の調性よりも前の時代に体系化されたいわゆる教会旋法を指しますが、広義には「旋律の動き方」といった意味合いをもった概念で、民族や時代の多岐にわたる音体系にも用いられてきました。

　日本で「旋法」という用語が使用されるようになったのは明治時代からです。「律を旋るもの」としての「旋律」があり、その旋り方を「旋法」という用語で説明するようになりました（ただし、旋法に相当する概念は奈良時代からすでにみられます）。日本において旋法の概念は、音階と明確に区別されないことが多く、広義に使用されてきました。奈良時代に中国からもたらされた呂の五声や七声に基づく呂旋と、そののち呂旋を日本で改変した律旋は、音列的な意味合いでは呂音階、律音階と呼ばれることがあります。おもに五音音階と七音音階のかたちをとりますが（☞第5章の図1および図4）、その理論化の過程には議論がありました。呂旋は、理論や伝承のうえでは雅楽や声明の基本旋法のひとつとされるものの、実際にはほとんど使われなくなっています。

☞より詳しく知りたい方へ

奥波一秀 2020「律旋の諸問題の考察——文部省音楽取調掛『音楽取調成績申報書』（1884）と上原六四郎『俗楽旋律考』（1895）」『日本女子大学紀要 人間社会学部』第30号、99-117頁。
音楽之友社（編）2007『日本音楽基本用語辞典』東京：音楽之友社。
増本伎共子 2010『新版　雅楽入門』東京：音楽之友社。

🕭 音階

　音階（scale）とは、音楽で用いられる音を高さの順に配列した基本的音列のことです。たとえば調性音楽の長調で基盤となる音階は長音階（major scale）と呼ばれ、主音から全音・全音・半音・全音・全音・全音・半音という並びの七音音階です。一方、短調で基盤となる短音階には、自然短音

階、和声短音階、旋律短音階といった種類があります。長音階と（自然）短音階は、5つの全音と2つの半音からなる全音階（diatonic scale）の一種です。ここでは、調性のこうした基本的な音階以外で本書に登場する音階を概説します。

五音音階（ペンタトニック；pentatonic scale）は、1オクターヴの中に5つの音を含む音階のことで、世界各地の音楽の基礎となっています。半音を含むものと含まないものに大別されますが、音程の組み合わせやその分類方法はさまざまです。

全音音階（whole-tone scale）は、上述の長音階とは異なり、図4のように半音を含まない、6つの全音からなる音階です。

図4　全音音階

八音音階（オクタトニック；octatonic scale）は、8つの音からなる音階で、一般的には半音と全音を交互にくり返す図5の音階を指します。この語

図5　八音音階

は 1960 年代から使われ始めましたが、実践上は、とくに 19 世紀後半以降のロシア音楽をはじめ、ヨーロッパでも八音音階の使用例がみられます（☞前記『〈無調〉の誕生』第 7 章）。

日本で考案された音階には、上原六四郎（1848-1913）が『俗楽旋律考』（1895 年）において提示した**陽旋**、**陰旋**があります。上原は、雅楽の律旋と呂旋に対して、民謡などに使われる陽旋と、箏曲や三味線音楽に用いられる陰旋があると主張しました。日本の音楽に用いられる**五音音階**のうち、半音を含まない音階を**陽旋**（田舎節）、半音を含む音階を**陰旋**（都節）と呼びます（☞第 1 章の図 2）。

上原六四郎が陽旋と陰旋という概念を提示したあと、町田佳聲（かしょう）（嘉章）、田辺尚雄（ひさお）、下總皖一（しもふさかんいち）などが旋法や音階をめぐる研究を重ねてきました。それらをもとに、小泉文夫（1927-1983）が『日本伝統音楽の研究』（1958／2009 年）において提示したのが、**都節音階**、**律音階**、**民謡音階**、**琉球音階**という 4 種類の音階（図 6）です。各音階には、完全 4 度の音程関係にある 2 つの音の中に 1 つの中間音があり、その枠組み（テトラコルド）が 2 つ並んでいます。4 種類の音階は、その中間音の位置によって区別されます。なお、民謡音階と琉球音階は、第 1 章の図 3 と図 4 にも記載しています。

図 6　小泉文夫が提示した都節音階、律音階、民謡音階、琉球音階

☞より詳しく知りたい方へ

小泉文夫 2009『合本　日本伝統音楽の研究』東京：音楽之友社。
東洋音楽学会（編）1982『日本の音階』東京：音楽之友社。

おわりに

　本書は、2023 年 3 月 19 日に東京藝術大学で開催された学術シンポジウム
「20 世紀日本と西洋音楽理論」の第 1 部「シンポジウム＆ミニコンサート
近代日本と西洋音楽理論——超領域的展開の試み」がもとになっています。
ミニコンサートにおける演奏曲目は、シンポジウムで言及した以下の作品 7
曲でした。

1. フーゴー・リーマン編曲「6 つの中国と日本オリジナルの曲」[1] より「春
   の歌」
2. 信時潔編曲「小曲俚謡集」より「かぞえうた」
3. フーゴー・リーマン編曲「6 つの中国と日本オリジナルの曲」より「君
   と別れて」
4. 信時潔編曲「君と別れて」
5. 信時潔作曲「六つの舞踊曲」より「序曲（遠くの囃子）」「きまぐれ」「ま
   じめな緩舞」
6. 早坂文雄作曲「室内のためのピアノ小品集」より「No. 14」
7. 早坂文雄作曲「佐藤春夫の詩に據る 4 つの無伴奏の歌」より「鶯」

　フーゴー・リーマンの和声づけによる 2 曲（「春の歌」「君と別れて」）に
ついては、信時潔の編曲（「かぞえうた」「君と別れて」）もあったため、そ
れらを並べるかたちで前半のプログラムを組みました。リーマンおよびホル
ツによる楽譜は、歌詞がドイツ語表記で、「ひとつ」が "Chi-to-zu"、「松
は」が "mazu rwa" や "mazu wa" と綴られているなど違和感を覚えるよ
うな表記もありましたが、今回はあえて楽譜に記載されている通りに演奏し

1　フーゴー・リーマンがヴァイオリンとピアノのために編曲（和声づけ）した楽譜（Breitkopf
　und Härtel, 1902）およびヴィクトール・ホルツがドイツ東洋文化研究協会の会報に寄稿した
　「2 つの日本の歌」（"Zwei japanische Lieder," *Mittheilungen der deutschen Gesellschaft für
　Natur- und Völkerkunde Ostasiens*, Band 1, Heft 3, 1873, 13-14）に基づき演奏した。演奏に
　あたり、Breitkopf und Härtel より楽譜データをご提供いただいた。

ていただきました。演奏は松岡多恵さん（ソプラノ・二期会会員）と松岡あさひさん（ピアノ）。信時と早坂の作品の特徴も、実際に音の鳴り響きで確認することで理解が深まり、シンポジウムの内容とあわせて再考できたように思います。

　本書では、西洋音楽理論の研究者である西田と、近代日本音楽史の研究者である仲辻が編著者を務めました。執筆者陣については、近代日本以前の状況にも目配りできる俯瞰的な視野をもった近代日本研究者である塚原康子さんに冒頭の章をお願いし、本書の出発点を築きました。日本における音楽理論受容だけでは特徴が分かりづらい可能性もあるため、近代中国と西洋の音楽理論上の関係について新居洋子さんに、音楽ジャンルを超えた戦後の音楽理論の動向を踏まえた章を柿沼敏江さんにご執筆いただきました。塚原さん、新居さん、柿沼さんには、担当の章以外にも、人選を含め本書全体にわたってさまざまなご助言や情報をいただきました。この場を借りて深く御礼申し上げます。

　コラムについては、本書のテーマを扱うにあたり「翻訳」の問題は避けて通れないため、日本政治思想史を専門とする菅原光さんに、音楽分野にとどまらない大きな課題として問題を提起していただきました。また、音楽理論の重要な領域である音律の問題については、田中正平の音律理論研究の第一人者である篠原盛慶さんにわかりやすく解説していただきました。そして、東京だけでなく日本国内のさまざまな地域の動向も射程に収めたいと考え、沖縄在住の三島わかなさんに当地に関する事例紹介をお願いしました。同じように、章で中国をとり上げることと並んで、今後は中国だけではなくアジア諸国の音楽理論史との比較が求められるだろうことから、台湾の宗教音楽について劉麟玉さんに紹介していただきました。さらに、研究者視点だけでなく、作曲家・演奏家としての視点もとり入れるべく、上記シンポジウムにも演奏者としてご参画いただいた松岡あさひさんにエッセイを書いていただきました。また、近代日本における西洋音楽や西洋音楽理論の研究に長年取り組まれてきた西原稔さんには、日本の西洋音楽受容に欠かせぬ人物であるプリングスハイムの理論面、とくに調性観に光をあてていただきました。

　こうした各領域の専門家の協力を得て、2023年9月からおよそ1年半か

けて本書の執筆・編集を進めてきました。各国語が入り混じり、編集に時間を要したほか、さまざまな論点を含む全体について把握することの困難さを随所で感じ、思った以上に苦労が続きましたが、執筆者の皆様のご助力のおかげでなんとか完成させることができました。本書を見通して、それぞれの章やコラムのあいだにつながりはあるものの、全体を一つの流れのように歴史化することは難しく、また、一つの流れに収められるものでもないととらえています。改めて振り返ってみると、これまで学問分野の壁によってあまり相互に交流がなかった方たちと試行錯誤できたことは、大きな収穫のひとつです。

　学術シンポジウム開催時には、日本音楽学会の 2022 年度「支部横断企画」として採択していただき、助成金を賜りました。また、本書の原稿を読み通していただいた郭君宇さん、栂大也さん、小寺未知留さんからは、数々のご助言をいただきました。箕作秋吉の写真はお孫さんの栃内まゆみさんに、駱先春さんの写真は四男の駱維道さんにご提供いただきました。ここに記して御礼申し上げます。

　出版にあたり、音楽之友社の上田友梨さんにお力添えいただきました。第三の編者として最初から最後まで丁寧かつ辛抱強く伴走してくださり、誠にありがとうございました。

2025 年 1 月　編者

人名索引

各章・コラム、「本書に登場する基本用語」、「はじめに」の「おもな登場人物」を対象とした。
脚注に出てくる場合は、頁数を斜体で示した。

【ア行】

アイヴズ、チャールズ　Ives, Charles
154

芥川也寸志　49

淺田泰順　45

アミオ、ジャン＝ジョゼフ＝マリー
Amiot, Jean-Joseph-Marie
103-106, 114　*104*

アールスト、ジュールス・ファン
Aalst, Jules A. van　106

アンセルメ、エルネスト　Ansermet,
Ernest　140

伊沢修二　16　*17, 18*

入野義朗　156, 157

ヴァーグナー、リヒャルト　Wagner,
Richard　94, 140

上真行　21, 37, 38　*21*

上原六四郎　21-23, 179　*22*

ヴェレス、エゴン　Wellesz, Egon　49

ヴォルペ、シュテファン　Wolpe,
Stefan　160　*160*

宇田川榕庵　4, 9-14, 18, 26　*10, 11*

エヴァンズ、ビル　Evans, Bill　154,
160

エッケルト、フランツ　Eckert, Franz
25

エッティンゲン、アルトゥール・フォン
Oettingen, Arthur von　74

エメリー、スチーフェン〔スティーヴン〕
Emery, Stephen　45, 46

エリス、ジョン・アレクサンダー　Ellis,
John Alexander　21, 174

王光祈　5, 27, 98-101, 120-127　*98, 99*

荻生徂徠　32, 33　*13*

奥好義　37, 38

小篠秀一　18　*19*

乙骨三郎　45

【カ行】

片山頴太郎　46, 47, 50, 89

兼常清佐　53, 84　*84*

クーラン、モーリス　Courant, Maurice
5, 98, 107, 108, 112-120, 124-127
107, 113, 117

グリーグ、エドヴァルド　Grieg,
Edvard　67-69

グレーデナー、ヘルマン　Grädener,
Hermann　41

クレール、シュテファン　Krehl,
Stephan　46, 47, 84

小泉文夫　23, 24, 49, 179

黄金槐　102

呉泰次郎　49

孔子　32, 33, 109, 112　*110*

幸田（安藤）幸　4, 75, 76

幸田延　4, 27, 40-42, 75

神津専三郎　18, 39　*18, 19*

小畠賢八郎　22　*22*

小松耕輔（玉巖）　*65*

【サ行】

蔡元定　119　*13*

サティ、エリック　Satie, Erik　154

ザルリーノ、ジョゼッフォ　Zarlino,
Gioseffo　100

シェーンベルク（シェーンベルヒ）、ア
ルノルト　Schönberg, Arnold　49,
50, 55, 137, 139, 140, 142, 143, 147-

183

150, 153, 154, 156, 157, 163, 175　*50,*
142, 143, 149, 151, 157
柴田南雄　48
シーボルト、フィリップ・フランツ・
フォン　Siebold, Philipp Franz
Balthasar von　12
島崎赤太郎　43, 45, 46　*75*
清水脩　48
下總皖一　23, 48, 49
朱載堉　103, 105, 108-120, 125, 126　*13,*
108, 112, 113
ジュヴァール、フランソワ＝オーギュス
ト　Gevaert, François-Auguste
146, 148　*146, 151*
シュターフェンハーゲン、ベルンハルト
Stavenhagen, Bernhard　48
シュトラウス、リヒャルト　Strauss,
Richard　94
シューマン、ゲオルク　Schumann,
Georg　50, 148
シュミット、フローラン　Schmitt,
Florent　47
蕭友梅　18, 27
スクリャービン、アレクサンドル
Skryabin, Aleksandr　154
鈴木米次郎　42　*22*
ストラヴィンスキー、イゴール
Stravinsky, Igor　47, 142　*142*
曽志忞　18
園山民平　5, 65-71　*65, 66*

【タ行】
戴逸青　102
髙田三郎　46-48
瀧村小太郎（鶴雄）　4, 10, 16-19, 39
17-19
武満徹　161, 168
田中敬一　45
田中正平　5, 23, 26, 27, 59, 61-63, 169
23, 75
田辺尚雄　23, 63, 149, 153, 179　*10, 145,*
149, 151
團伊玖磨　48, 49

辻荘一　83, 89
辻則承　38
デイヴィス、マイルス　Davis, Miles
154, 160, 167, 168
ディットリヒ、ルドルフ　Dittrich,
Rudolf　24, 25, 40, 41　*65*
デュカ、ポール Dukas, Paul Abraham
154
トゥイレ、ルートヴィヒ　Thuille,
Ludwig　48
徳川頼貞　27
ドビュッシー、クロード　Debussy,
Claude　149, 154

【ナ行】
永井幸次　43
中田章　43, 45
中山晋平　26
西周　4, 33
ネトケ＝レーヴェ、マルガレーテ
Netke-Löwe, Margarete　47
信時潔　4, 43, 44, 47, 48, 50-56, 89, 95,
96　*47, 50, 51, 55, 83*

【ハ行】
ハウプトマン、モーリッツ　Haupt-
mann, Moritz　74
パーカー、チャーリー　Parker, Charlie
160
橋本國彦　48, 49
パーチ、ハリー　Partch, Harry　169
169
バッハ、ヨハン・ゼバスティアン
Bach, Johann Sebastian　33　*143*
早坂文雄　26, 63, 152
バルトーク、ベーラ　Bartók Béla　55
ピュタゴラス　Pythagoras　144, 146,
162, 167
平井康三郎　48
弘田龍太郎　26, 43
ヒンデミット、パウル　Hindemith,
Paul　49, 137-140, 142　*142*
フェティス、フランソワ＝ジョセフ

Fétis, François-Joseph　106, 175
　106
フェントン、ジョン・ウィリアム
　Fenton, John William　14
福井直秋　43
福沢諭吉　31
藤井清水　26
フックス、ロベルト　Fuchs, Robert
　41
ブラームス、ヨハネス　Brahms,
　Johannes　137
プリングスハイム、クラウス　Pring-
　sheim, Klaus　5, 26, 46-48, 137-140
ブルックナー、アントン　Bruckner,
　Joseph Anton　40
ペツォルト、ハンカ　Petzold, Hanka
　47
ヘルムホルツ、ヘルマン・フォン
　Helmholtz, Hermann von　59, 74,
　139　*75, 139*
ホイットニー、クララ　Whitney, Clara
　17　*17*
坊田寿真　154
ボエティウス　Boethius　144, 146
細川碧　46-48
ホルツ、ヴィクトール　Holtz, Viktor
　77　*77*
ホルンボステル、エーリッヒ・フォン
　Hornbostel, Erich von　25, 99　*25*

【マ行】

マセダ、ホセ　Maceda, José　*143*
町田嘉章（佳聲）　23, 179
黛敏郎　49
マーラー、グスタフ　Mahler, Gustav
　48, 140
箕作秋吉　5, 26, 84, 143, 148-159, 161,
　165, 168, 169　*26, 143, 148, 149, 151,*
　153, 157
ミヨー、ダリウス　Milhaud, Darius
　142, 149, 154, 155
メシアン、オリヴィエ　Messiaen,
　Olivier　165　*165*

メーソン、ルーサー・ホワイティング
　Mason, Luther Whiting　16, 38
本居長世　26, 43, 50
諸井三郎　50, 84　*50, 51*

【ヤ行】

矢代秋雄　49
ヤーダースゾーン、ザロモン　Jadas-
　sohn, Salomon　46
山田一雄　50
山田耕筰　26, 50, 95, 96
山根銀二　85　*153*
山本直忠　5, 53, 83-90　*87*

【ラ行】

ラッセル、ジョージ　Russell, George
　143, 159-169　*165, 167*
ラモー、ジャン＝フィリップ　Rameau,
　Jean-Philippe　74, 101, 104, 106,
　147, 176
リッチ、マテオ　Ricci, Matteo　103,
　104, 114
リヒター、エルンスト・フリードリヒ
　Richter, Ernst Friedrich　45, 46
リーマン、フーゴー　Riemann, Hugo
　5, 26, 47, 53, 54, 72-87, 89, 90, 99,
　149, 150, 176　*72, 75, 83, 84, 86, 87,*
　149
リムスキー＝コルサコフ、ニコライ
　Rimsky-Korsakov, Nikolai　*142*
淩鴻勛　102
淩廷堪　119
ルーシェ、ピエール・ジョゼフ
　Roussier, Pierre Joseph　100, 105
ルルー、シャルル　Leroux, Charles
　15, 25
レーガー、マックス　Reger, Max　137
駱維道　131, 132　*135*
駱先春　5, 132, 135　*135*
ローゼンシュトック、ヨーゼフ
　Rosenstock, Joseph　138

事項索引

各章・コラム、「本書に登場する基本用語」を対象とした。
脚注に出てくる場合は、頁数を斜体で示した。

【ア行】

エンハルモニウム　59, 61, 63
音階　9, 17, 19, 20, 22, 23, 25, 26, 36, 54,
　　55, 62, 75, 77, 79, 81, 88-90, 99, 109,
　　116, 119, 145-148, 150, 151, 158, 159,
　　161-165, 167-169, 173, 176-179
　　142, 144, 146, 151, 165, 167
　陰旋（都節）　22, 54, 179　*22*
　五音音階（ペンタトニック）　20, 22,
　　79-81, 94, 97, 132, 133, 146, 159, 174,
　　177-179　*151*
　全音音階　95, 149, 153, 155, 159, 164,
　　165, 168, 178　*165*
　全音階　19, 100, 146, 161-163, 178
　短音階　18, 20, 89, 150, 177, 178　*150*
　長音階　18, 20, 38, 89, 135, 147, 150,
　　177, 178
　日本（の）音階　19, 20, 23-26, 54,
　　145, 149, 150, 158
　八音音階（オクタトニック）　142,
　　164, 165, 178, 179　*165*
　ピュタゴラス音階　146
　都節音階　159, 179
　民謡音階　23, 179
　陽旋（田舎節）　22, 23, 54, 179　*22*
　律音階　69, 145, 150, 151, 159, 177,
　　179
　リディア音階　161-165, 167, 168
　　167
　琉球音階　24, 179
　呂音階　145, 150, 151, 161, 168, 177
音楽史　56, 72, 83-85, 98, 122　*22*
　西洋音楽史　95, 98, 99, 120-125, 127

121
　中国音楽史　98, 99, 120-125, 127　*98*
　日本音楽史　47, 56
音楽取調掛　10, 16-21, 35-40, 42, 56
　　15, 17-19, 21, 36, 37
音程　9, 11, 12, 19, 26, 37, 38, 44, 56, 59-
　　62, 78, 104, 138, 139, 143-145, 148,
　　150, 152, 157, 162, 168, 169, 173, 174,
　　178, 179　*87, 143, 146, 165, 169*
　5度　11, 12, 60, 61, 78-80, 82, 84, 100,
　　103, 105, 106, 111-114, 125, 126, 139,
　　142-153, 155, 156, 158, 159, 162-165,
　　167-169, 173, 174　*100, 104, 143-
　　146, 150, 153, 155, 156, 167*
音律　12, 20, 59, 63, 103, 111-113, 143-
　　145, 156, 173　*10, 17, 100, 144, 153*
　三分損益法　99, 100, 103, 104, 144,
　　145, 156, 173, 174　*99, 144*
　十二律　9, 15, 21, 100, 104, 110, 111,
　　113, 117-119, 156, 159, 173, 174
　純正律　59-61, 63, 139, 169, 173　*169*
　53純正律　61-63
　ピュタゴラス音律　100, 138, 139, 173
　　144
　平均律（12平均律）　19, 59, 101, 108,
　　139, 165, 167, 169, 173, 174　*17*
　53平均律　61-63

【カ行】

雅楽　9, 15, 17, 20-24, 33, 37, 55, 80, 126,
　　145, 177, 179　*13, 15, 17, 20*
協和　11, 12, 100, 104, 105, 113, 125, 126,
　　172　*104*

協和音　19, 100, 103, 106, 126, 166, 172

協和音程　103, 106, 113, 143, 144, 172, 173

キリスト教（基督教）　95, 130　*19*, *129-131*

　カトリック（宣教、教会）　103, 129, 130　*129*, *130*, *146*

　教会　50, 103, 129-131, 135　*129*, *130*

　讃美歌　50, 129-133, 135, 136

　宣教師　13, 18, 102, 103, 129, 131, 132, 135　*103*

　プロテスタント（諸教派、教会）　129, 130, 132　*129*, *130*

クライスマ　61-63

工尺譜　13, 104　*13*

五声（五音）　9, 12, 100, 104, 109, 110, 118-120, 145, 150, 151, 159, 174, 175, 177

コンマ　60, 138, 139, 173

　シントニック・コンマ　60, 139, 173

　ピュタゴラス・コンマ　139, 173

【サ行】

サブドミナント（下属音、下属和音）　19, 46, 73, 74, 101, 132, 133, 158, 159, 163, 176　*69*

式部寮　15, 17, 20, 21　*15*, *17-19*

七声（七音）　9, 12, 20, 99, 104, 145, 151, 174, 175, 177

ジャズ　159

　ジャズ理論　143, 160, 168, 169

　モダン・ジャズ　154, 160

　モード（モーダル）・ジャズ　160

終止（形、法）　38, 39, 54, 55, 163, 165, 166, 176

　完全終止　38, 176

　静止（形、法）　38, 39, 176

　半終止　38, 39, 176

12音音楽　55, 149, 152, 156-159, 168　*160*

　12音技法　137, 142, 156-158

儒教　32, 110, 115

儒学者　13, 26, 32, 33　*13*

唱歌（集）　16, 21, 25, 26, 35, 36, 40, 47, 51, 69, 94, 95　*15*, *18*, *21*, *42*, *43*, *51*

清楽　12, 17, 21, 25　*10*, *13*

スキスマ　61-63

聖歌（集）　18, 99, 112, 130　*130*

旋法　15, 17, 19, 95, 169, 175, 177, 179

　移高の限られた旋法（MTL）　165　*165*

　教会旋法　54, 145, 146, 151, 177　*146*

　ギリシア旋法　99

　律旋（法）　15-17, 20-22, 54, 177, 179　*15*

　呂旋（法）　15-17, 20, 21, 177, 179

俗楽　20-22, 24, 179　*22*

【タ行】

対位法　42, 47-49, 52, 105, 140, 148

調性　94-96, 106, 118, 133, 137, 139, 140, 142, 143, 146, 156, 158, 159, 162, 166, 167-169, 175-178　*106*, *157*, *167*

　調　59, 73, 100, 101, 109-112, 118-120, 123, 125-127, 155, 156, 175, 176

　調性引力　161, 165-167, 169　*167*

　調性音楽　68, 72, 80, 81, 132, 140, 156, 158, 176, 177　*162*

　転調　41, 43, 62, 63, 110, 112, 173

　複調（音楽）　142, 149, 153, 155, 158, 159

調和楽　65, 66　*65*, *66*

東京音楽学校　10, 16, 19, 21, 23-27, 35, 36, 39-51, 56, 137　*18*, *23*, *36*, *42*, *43*, *65*

トニック（主音、主和音）　19, 46, 68, 73, 74, 80-82, 100, 101, 111, 119, 120, 126, 132, 150, 158, 159, 166, 175-177　*167*

ドミナント（属音、属和音）　19, 46, 73, 74, 101, 120, 126, 132, 133, 135, 139, 158, 159, 163, 169, 176　*69*

【ハ行】

倍音（列）　87, 101, 142, 143, 147, 150,

152, 162, 163, 172　*86, 152*
　下行倍音（列）　87, 154　*87*
　自然倍音（列）　87, 142, 143, 147, 148,
　　172　*87, 143, 149*
　整数倍音列体系　149
八音　104
不協和　11, 12, 172
　不協和音　84, 166
　不協和音程　152

【マ行】

民謡　20, 23, 24, 55, 66-69, 71, 96, 115,
　　179　*55*
無調　95, 137, 142, 158, 165, 167, 175,
　　179

【ラ行】

リディアン・クロマティック・コンセプ
　　ト　143, 159, 160, 162, 165, 167, 168
琉球古典音楽　66, 68　*66*
礼楽　31-33, 121
六調子　21

【ワ行】

和音　38-40, 43, 44, 45, 73, 74, 80-82,
　　86-88, 94, 97, 100, 106, 108, 113, 114,
　　117, 118, 125-127, 132, 133, 135, 136,
　　150, 152-155, 158, 159, 162-165,
　　167-169, 172, 176　*135, 149, 152*

三和音　38, 39, 70, 80-82, 87, 100, 101,
　　149, 150, 152, 163, 169, 173
　短三和音　73, 85-88　*87, 157*
　長三和音　73, 86-88　*157*
四度和音　149, 153-155, 159　*153*
和絃（主和絃・属和絃・次属和絃）
　　19, 39, 40, 45
和声（ハーモニー）　11, 24-26, 36,
　　38-41, 43, 45-48, 52-55, 67, 68, 75,
　　77, 78, 80-83, 90, 96, 102, 105, 133,
　　138-140, 142, 148, 149, 153, 158　*72,
　　77, 149*
　機能（和声）　46, 52, 53, 56, 68, 72-74,
　　85, 86, 94, 96, 133, 134, 158, 159, 169,
　　176　*69, 85*
　五度和声　26, 143, 148-150, 152, 153,
　　155-157, 159, 168, 169　*151*
　日本（的）和声　26, 63, 137, 148, 152,
　　154, 156, 159　*77*
和声学　25, 35-47, 65, 84-86, 100, 101,
　　147, 153, 154　*39, 72, 143*
和声代理　78, 80-82
和声づけ、和声化　25, 26, 44, 52-54,
　　68, 69, 78-82, 90, 94, 137　*83*
和声二元論　86, 87, 90, 149, 150, 176
　　149
和声法　49, 68, 69, 71, 140, 148, 149
　　69

著者紹介

●──編著者

西田紘子（にしだ・ひろこ）

九州大学大学院芸術工学研究院准教授。2009 年、東京藝術大学大学院音楽研究科博士後期課程修了（音楽学専攻）。博士（音楽学）。著書『ハインリヒ・シェンカーの音楽思想―楽曲分析を超えて』（九州大学出版会）、編著『ハーモニー探究の歴史―思想としての和声理論』（音楽之友社）、『音楽と心の科学史―音楽学と心理学が交差するとき』、共訳書 ボンズ『ベートーヴェン症候群―音楽を自伝として聴く』（以上、春秋社）など。

仲辻真帆（なかつじ・まほ）

東京藝術大学、静岡大学、立教大学、和洋女子大学非常勤講師。東京藝術大学大学院音楽研究科博士後期課程修了。博士（音楽学）。論文「近代日本における音楽理論教育と和声理論書出版の歴史的展開―東京音楽学校の和声教育を軸として」（『東京藝術大学音楽学部紀要』第 48 集）、「1930 年代前半の東京音楽学校における作曲教育―学校資料と初期卒業生の資料にみる本科作曲部の様相」（『音楽学』第 65 巻 1 号）など。

●──著者

塚原康子（つかはら・やすこ）

東京藝術大学楽理科教授。1990 年東京藝術大学大学院博士後期課程修了（学術博士）。専門は江戸後期から近代を中心とする日本音楽史。主著に『十九世紀の日本における西洋音楽の受容』（1993 年）、『明治国家と雅楽』（2009 年）、共著に『ブラスバンドの社会史』（2001 年）、『日本の伝統芸能講座―音楽』（2008 年）、近年の論文に「明治維新後の東京での舞楽上演をめぐって」「明治期の陸軍軍楽隊再考」（2022 年）等。

新居洋子（にい・ようこ）

大東文化大学文学部歴史文化学科准教授。国立音楽大学音楽学部音楽学学科を卒業後、桜美林大学大学院、東京大学大学院を経て、2014 年、東京大学大学院人文社会系研究科アジア文化研究専攻博士課程を修了。博士（文学）。2007 年から 2 年間、中国人民大学に留学。著書『イエズス会士と普遍の帝国―在華宣教師による文明の翻訳』（名古屋大学出版会、2017 年）で渋沢・クローデル賞本賞、サントリー学芸賞を受賞。

柿沼敏江（かきぬま・としえ）

京都市立芸術大学名誉教授。カリフォルニア大学サンディエゴ校博士課程修了、PhD。専門はアメリカ実験音楽、20-21 世紀音楽。著書『アメリカ実験音楽は民族音楽だった』（フィルムアート社、2005 年）、『〈無調〉の誕生』（音楽之友社、2020 年、第 30 回吉田秀和賞受賞）。訳書 ジョン・ケージ『サイレンス』（水声社、1996 年）、アレックス・ロス『20世紀を語る音楽』（みすず書房、2010 年）など。

菅原光（すがわら・ひかる）

専修大学法学部教授。立教大学法学部卒業。東京大学大学院総合文化研究科博士課程単位取得満期退学。博士（学術）。著書『西周の政治思想―規律・功利・信』（ぺりかん社、2009年）のほか、共訳書『西周現代語訳セレクション』（慶應義塾大学出版会、2019年）、論文「討論の条件―論争誌としての『明六雑誌』」（鈴木健一（編）『明治の教養―変容する〈和〉〈漢〉〈洋〉』勉誠出版、2020年）など。

篠原盛慶（しのはら・もりよし）

競泳日本学童記録樹立を機に15歳で渡米。アメリカ実験音楽に転じ、カリフォルニア芸術大学にて、ジェームズ・テニーに作曲を師事。帰国後は、藤枝守の指導のもと、純正律の秘める可能性を探求。九州大学大学院芸術工学府博士後期課程修了。博士（芸術工学）。直近の論文に「田中正平の日本製の「純正調」オルガンに設けられた18座における6座の役割の解明―第5号器の調査とデータの考察」（『音楽学』、2023年）。

三島わかな（みしま・わかな）

沖縄県立芸術大学音楽学部非常勤講師。2011年、沖縄県立芸術大学より博士号（論文博士、芸術学）取得。著書『近代沖縄の洋楽受容―伝統・創作・アイデンティティ』（森話社、2014年）のほか、共著書に佐野靖（編）『文化としての日本のうた』（東洋館出版社、2016年）、三島わかな（編）『沖縄芸能のダイナミズム―創造・表象・越境』（七月社、2020年）、齋木喜美子（編）『戦後沖縄史の諸相』（関西学院大学出版会、2023年）など。

松岡あさひ（まつおか・あさひ）

東京藝術大学演奏藝術センター准教授。東京藝術大学音楽学部作曲科首席卒業、同大学院音楽研究科修士課程作曲専攻修了。2011年奏楽堂日本歌曲コンクール作曲部門第1位。2012年より、文化庁新進芸術家海外研修員として、シュトゥットガルト音楽演劇大学（ドイツ）に留学し、作曲のほかオルガン演奏法を学ぶ。作編曲家としての活動のほか、共演者としても多くの演奏家の信頼を得ている。日本ドイツリート協会会員。

劉麟玉（りゅう・りんぎょく）

奈良国立大学機構奈良教育大学教授。お茶の水女子大学大学院博士課程人間文化研究科単位取得退学。2002年、同大学より人文科学博士号取得。四国学院大学教授、台湾中央研究院と米国カリフォルニア大学ロサンゼルス校の客員研究員などを歴任。著書『植民地下の台湾における学校唱歌教育の成立と展開』（雄山閣、2005年）のほか、共編著『音盤を通してみる声の近代―日本、上海、朝鮮、台湾』（スタイルノート、2024年）など。

西原稔（にしはら・みのる）

山形市出身。桐朋学園大学名誉教授。とくに近代ドイツ音楽をさまざまな見地から研究。著書『音楽家の社会史』、『シューマン　全ピアノ作品の研究　上・下』（ミュージック・ペンクラブ音楽賞受賞）、『《ドイツ・レクイエム》への道―ブラームスと神の声・人の声』、『神と向かい合った作曲家たち―ミサ曲とレクイエムの近代史1745-1945』、『ブラームスの協奏曲とドイツ・ロマン派の音楽』、『ピアノの誕生』、『「楽聖」ベートーヴェンの誕生』など。

近代日本と西洋音楽理論
グローバルな理論史に向けて

2025 年 3 月 31 日　第 1 刷発行

編著者　　西田紘子
　　　　　仲辻真帆
発行者　　時枝 正
発行所　　株式会社音楽之友社
　　　　　〒162-8716　東京都新宿区神楽坂 6-30
　　　　　電話 03-3235-2111（代）　振替 00170-4-196250
　　　　　https://www.ongakunotomo.co.jp/
装丁　　　井川祥子
組版・印刷　藤原印刷
製本　　　ブロケード

ISBN 978-4-276-10104-3　　C1073

落丁本・乱丁本はお取り替えいたします。
本書の全部または一部のコピー、スキャン、デジタル化等の無断複製は著作権法上での例外を
除き禁じられています。また、購入者以外の代行業者等、第三者による本書のスキャンやデジタ
ル化は、たとえ個人や家庭内での利用であっても著作権法上認められておりません。

Printed in Japan　　©2025 by Hiroko Nishida, Maho Nakatsuji *et al.*

音楽之友社の書籍

ハーモニー探究の歴史
思想としての和声理論

西田紘子、安川智子 編著／大愛崇晴、関本菜穂子、日比美和子 著
A5判・192頁／ISBN 978-4-276-10254-5

西洋の人々は音楽の神秘をどう解き明かそうとしたのか？
和声に焦点を絞り、その流れを追う。

〈無調〉の誕生
ドミナントなき時代の音楽のゆくえ

柿沼敏江 著
A5判・336頁／ISBN 978-4-276-13205-4

「現代音楽」とセットで語られることの多い「無調」は実在したのか？
音楽史の再考を迫る画期的な論考。

日本音楽基本用語辞典

音楽之友社 編
A5判・192頁／ISBN 978-4-276-00182-4

雅楽からアイヌ音楽まで、日本音楽の基本的な用語をジャンル別に解説したハンディな辞典。各ジャンルの特色が一望できる。

オルフェ・ライブラリー
新版　雅楽入門

増本伎共子 著
四六判・264頁／ISBN 978-4-276-37104-0

西洋音楽とは異なる原理に基づく雅楽を、歴史・楽器・種目・音楽的仕組みという四つの角度から解説。「越殿楽」を解説の共通テーマにしている。

自然の諸原理に還元された
和声論

ジャン＝フィリップ・ラモー 著／伊藤友計 訳
B5判・376頁／ISBN 978-4-276-10303-0

近代和声学の始まり、かつ基礎として大変有名な記念碑的著作『和声論』（1722）の初邦訳出版。ラモーの理論書第1作にして主著とされる著作。